愛は勝利です

キリストの愛が織りなす奇蹟の人生

本郷台キリスト教会
アドバイザー牧師
池田登喜子［著］

いのちのことば社

わがたましいよ　主をほめたたえよ。
私のうちにあるすべてのものよ
聖なる御名をほめたたえよ。
わがたましいよ　主をほめたたえよ。
主が良くしてくださったことを何一つ忘れるな。
主は　あなたのすべての咎を赦し
あなたのすべての病を癒やし
あなたのいのちを穴から贖われる。
主は　あなたに恵みとあわれみの冠をかぶらせ
あなたの一生を　良いもので満ち足らせる。
あなたの若さは　鷲のように新しくなる。

（詩篇　一〇三篇一節～五節）

愛は勝利です　目次

伊江島。中央が城山(タッチュー)

III　摂理の御手に導かれて

Ⅳ　日々の恵みを数えつつ

Ⅴ　愛は勝利です

※文中の引照聖句は『聖書 新改訳』第三版、『聖書 新改訳2017』（新日本聖書刊行会）、『聖書 口語訳』（日本聖書協会）を使いました。
※『ダイヤモンドの光（本郷台キリスト教会四〇年史Ⅰ）』から一部引用しました。

はじめに

池田　博

二〇一九年、私たち夫婦は結婚五〇周年を迎えました。それを記念して、教会も息子たちもさまざまな祝い事をしてくださいました。

秋の牧師休暇の時には、長男夫婦が沖縄旅行をプレゼントしてくれました。予約されていた宿は、本部《もとぶ》の海浜に面した新築間もない高級ホテルでした。ここは妻が育った根路銘《ねろめ》からもさほど遠くありません。案内された一一階の部屋に入ると、伊江島のシンボル・城山《ぐすくやま》が真正面に見えます。地元の人たちからタッチュー（塔頭）と呼ばれている一七二メートルの山です。妻は思わず、「伊江島のタッチューだ！」と歓声を上げました。

まさにそれは妻が幼い頃、いつも家の裏山から眺めていた伊江島の中央にそびえるタッチューだったのです。海をへだてた伊江島のタッチューは、幼い頃の妻の心に遠い海のかなたへの想いを育んでくれました。その想いは、やがて七年もの闘病生活の中で一層強められ、救われてクリスチャンになった時に、はるかな天を想う想いへと昇華されていったのでした。

伊江島を見た瞬間、声を張り上げて喜びを表した心中は、私には十分察することができるだけでなく、心にズシッと深く刻まれました。そして、彼女の八〇年に及ぶ歩みのすべてが、走馬灯のように浮かび上がってきたのでした。

長男夫婦は、そのような背景など知る由もなくこのホテルを選んでくれたのですが、これは決して偶然ではなく、結婚五〇周年の旅行に対する神様の確かな摂理と導きを感じました。妻は、感動を隠しきれないといった面持ちで主に感謝し、長男夫婦にメールで「ありがとう」と伝えました。私たちは不思議な感動で、なかなか寝付くことができませんでした。

夜中の一時過ぎに目が覚めた私は、引き寄せられるようにしてベランダに出て、一人でディボーションの時を持ちました。祈り終わって、ふと空を見上げたら、満月が煌々と照っているではありませんか！　海面にも月が映り、かなたには伊江島の島影がうっすらと見えます。私は月光に包まれながら、部屋で祈っていた妻をベランダに招きました。

広い海原に輝き、地の隅々まで照らしているその月明かりは、神様の愛と憐れみの光、そして、神様からの妻への語りかけのように見えました。

「わたしは、登喜子が生まれる前からその人生を計画し、今日のこの瞬間まで八〇年間ともに歩んできた。わたしは登喜子を決して見捨てず、そのすべてを助け、益とし、わたしの働きのためにこれからも必ず用いる」と。

（二歳で父を亡くし、それ以来祖母とつましく暮らしてきた登喜子。十三歳から、骨髄炎がもたらした七年もの病床生活。貧しさゆえに医者にもかかれず、痛みと高熱にうなされ、寝返りも打てず、孤独と不安の中でひたすら耐えるしかない過酷な日々。

孫娘には回復の見込みがないと知って、絶望してしまった祖母。二人は、人生の荒波に呑み込まれて、滅び失せる寸前だった……）

「私たちが滅びうせなかったのは、主の恵みによる。主のあわれみは尽きないからだ。」

（哀歌　三・二二）

この澄み渡った空に浮かぶ月は、あの頃も変わりなく、根路銘の集落をさやかに照らしていたに違いない。そう考えていた私の心に、詩篇のみ言葉が迫ってきました。

「あなたは、見ておられました。害毒と苦痛を。彼らを御手の中に収めるためにじっと見つめておられました。」（詩篇　一〇・一四a）

三十余歳で亡くなった登喜子の父。貧しさの中で懸命に孫娘を育てた祖母。この二人は、彼女のために神様が備え用いてくださった大事な器でした。

やがて時が流れ、かつて闇の中であえいでいた少女は神様と出会い、癒やされました。その愛を伝えるために歩みだして伴侶と出会い、ともに主に仕える恵みをいただき、傘寿を過ぎてなお健康が与えられ、今、美しいホテルのベランダで、来し方を思い返している……。

これは、主のゆたかな配慮の中でいただいた至福の贈り物、天のみくにの前味でした。月光に包まれながら、二人で感謝の祈りをささげました。

妻は、いつもどんな小さなことにも感謝し「それはあり得ない恵みです」と言って目を潤ませて感動します。思えば、ただ主の憐れみと恵みに支えられ、生かされてきた奇蹟から奇蹟への半生でした。

神様は私に、この地上で最高の伴侶を与えてくださいました。「骨髄炎治療のため、ギプスで締め付けてきた骨盤が変形しているので、出産は無理です」と医師から言われた彼女を、神様は息子二人の母にしてくださいました。次男は私の後を継いで牧師となり、長男はその働きを側面から支えています。主のご臨在を前にして、ただひれ伏すばかりです。

結婚五〇周年を迎えて、妻の八十余年の歩みに表れた、はかり知れない主の愛と感謝を心に刻むとともに、証しとして書き残しておきたいと強く願わされ、出版に至りました。お読みくださるお一人お一人の上に、この神様の愛と恵みが等しく注がれますようにお祈りいたします。

二〇二一年十月

I　ひたすら耐えた日々

おばぁと

自然の恵みに育まれて

果てしなく広がる青い空、
陽光がまぶしい白砂の渚、
サンゴ礁が透けて見える遠浅の海、
家の裏山に登れば、いつも伊江島が見える――。
私が育ったのは、そんな沖縄北部の小さな集落でした。
私の父は、沖縄北部の名護《なご》市に生まれました。子どものころから工作や機械いじりが得意だったそうで、その特技を生かして、やがて隣町・本部《もとぶ》のバス会社で整備士として働きだしました。結婚して名護に住み、一九三八年十二月二十日に、私が第一子として生まれました。でも、私が二歳になった頃、父は胃穿孔という病気を患い、わずか数カ月で亡くなりました。そのため、私には父の記憶がまったくありません。
父は、家族思いのとてもやさしい人だったそうです。亡くなる直前、枕元に母を呼んで、「これからしばらく眠るけれど、心配しないでね」と言ったそうです。心配させまいとする気配りだったのでしょうか。「申し訳ない。登喜子をくれぐれもよろしく頼む」と言ったのが最後の言葉だったそうです。まだ三十歳そこそこでしたから、父はどんなにか無念だったでしょう。

母は九十五歳で亡くなる前に「今でも（父のことを）夢に見るのよ。不思議だけど」と言って、この話を初めて私に話してくれたのでした。

父が亡くなった時、母はまだ二十歳になっていませんでした。祖母は、こんなに若くして未亡人になってしまった娘のことを不憫に思って、私を引き取り母を再婚させました。母は、どんなに心が引き裂かれる思いだったでしょうか。実は祖母も若いころ夫に死なれ、苦労しながら子ども四人を育て上げたのです。祖母のそんな姿を見てきた母は、後ろ髪を引かれる思いで再婚の勧めに従ったのかもしれません。

沖縄北部はやんばる（山原）とよばれ、東シナ海に面して低い山々が連なっています。祖母は、やんばるの大宜味《おおぎみ》村根路銘《ねろめ》という海辺の集落に、一人で住んでいました。

沖縄では、老婆のことを親しみを込めて「おばぁ」と呼びます。それで私もこの本では、祖母のことを最愛の気持ちを込めて「おばぁ」と記したいと思います。

根路銘(自宅)
伊江島
タッチュー
大宜味小学校
本部
塩屋
東シナ海
名護
伊差川教会
三原(母の再婚先)
名嘉病院
沖縄中央教会

沖縄本島、関連地名

二歳の私はおばぁとともに暮らしはじめました。おばぁは近所の農家を手伝い、山の向こうにある農家の畑にまで耕しに行き、やりくりしながら生計を立てていたのです。でも気丈なおばぁの口からは、一言でも愚痴を聞いたことがありません。私のためならどんなことでもしてくれる優しい人で、私をかわいがってくれました。

私が三歳の時、太平洋戦争が勃発しました。

五歳ころだったでしょうか、けたたましいサイレンの音とともに空襲警報が発令され、間もなく米軍の戦闘機Ｂ－２９が、上空からすさまじい爆音とともに機銃掃射を始めたのです。大勢の人たちが家から逃げ出し、私もおばぁに手を引きずられるようにして、無我夢中で近くの公園の防空壕に逃げ込みました。そこはすでに大勢の人でいっぱいで、息苦しいほどでした。息を殺している時、近くの学校が爆撃を受け、ドカーンという大爆音の振動で、突然防空壕の天井から土がばらばらと降ってきました。

それを見たおばぁは、私の手を引いて壕から逃げ出し、少しでも安全な場所を見つけては移動していきました。防空壕はその直後崩れて、中にいた人が下敷きになって何人も亡くなったことを後で知りました。おばぁのとっさの判断のおかげで、私はかろうじて命拾いしたのでした。

しかし戦況がどんどん悪化していくにつれ、おばぁは、自分の手だけでは孫のいのちを守り切れそうにないと思い、だいぶ離れた三原集落にある母の再婚先に私を預けました。

一九四五年の戦争末期、三原の人たちは、米軍による空襲を恐れて山奥に逃げて避難生活を始めました。川を水源までさかのぼって歩き続け、滝つぼの周りの河原にそれぞれ小屋を作りました。木の枝などで屋根を作って、上空からわからないようにカムフラージュし、家族、親族たちが一〇人位で暮らしていたように記憶しています。

大人たちは敵の飛行機が来ない早朝、薄暗い中を近くの畑まで行って、サツマイモなどを掘り出してきました。それを川の水で洗って生のまま食べたのです。煮炊きすれば煙が上がるので、敵機から発見されてしまうからでした。「煙を出すな！」と怒鳴っていた人の声がまだ耳に残っています。食糧不足で、私たちはいつもお腹が空いていました。たまにサトウキビが手に入った時など、おいしくていつまでも噛んでいたものでした。沖縄南部では、私たちが暮らしていた北部よりも過酷な戦いを強いられて、非常に多くの犠牲者が出たことを後で知りました。

七歳の時にようやく戦争が終わり、三原の小学校に入学した私は、まもなく根路銘のおばぁの元に戻って大宜味小学校に転校することになりました。

幼い私は、おばぁに少しでも役に立ちたかったので、掃除の仕方、整理整頓、水汲み、畑の草取り、庭掃除などを、見よう見まねで覚えて一緒に働きました。自分にできることを手伝うのは当たり前だと思い、それが自然に身についていました。

おばぁは、毎日朝早くから夕方まで農作業に出かけています。私は学校から帰ってくると、まず部屋を掃除してから、庭の草取りや花壇作りをするようになりました。おばぁは「登喜子はきれいに掃除するね。花壇の蔓バラもとってもきれいだよ。上手に咲かせたね」とほめてくれるので、私はうれしくなって、家事をもっともっと上手にきれいにできるように、工夫しながら頑張りました。

おばぁは、どこまでも愛の人だった

近所の人たちから「登喜ちゃんは働き者だね。それに器用だし、よく気が付く子だ」とほめられたものでした。

小学校では、PTAの時に父母が集まりますが、自分に両親がいないことはあまり気になりませんでした。近所には同年代の子どもが何人もいて、一緒に通学し、毎日のびのびと駆け回って仲よく遊んだものでした。おばぁは、そんな私の姿を喜んで見守っていてくれました。

根路銘の集落は、前は海、後は低い山に囲まれていました。

家の前の海が干潮になると、友達と潮干狩りをしたものでした。あたり一帯がサンゴ礁なので、遠浅で危険ではありません。いつでも自由に貝を取り、海藻を拾っては、おばぁとの食卓をにぎわせたものでした。砂浜に打ち上げられた美しい貝殻拾いに、時がたつのを忘れることもありました。

大潮という干潮の日には、ずっと沖まで潮が引くのです。私は大きなざるを抱えて友達と海に出かけました。海藻を取りながら沖に向かって歩いていると、小さな池のようになった水たまりの岩陰に大きな魚が隠れているのを見つけました。引き潮の時に、逃げ遅れて閉じ込められたのでしょう。見かけない魚でしたが、私はざるに上手に追い込んで捕えました。ずっしりと重かったけれど、頑張って家に持ち帰りました。その魚を見たおばぁは、飛び上がるほど驚いて言いました。

「見てごらん。この魚の頭にはとげがあるだろう。このとげには毒があるので、刺されたら大変なんだよ。とてもおいしい魚だけど、気を付けなければね。でも、よく取ったね。思いがけないごちそうだ」

おばぁはさっそく料理してくれて、夕食にいただきました。本当においしい魚で、二人で何度もお代わりをしました。その時のおばぁの喜んだ顔が今でも目に浮かび、その時の食卓の会話が今でも耳に残っています。

故郷・根路銘集落(矢印がおばぁの家)

通っていた大宜味小学校は、家から二キロほど離れていました。友達数人と下校する時には、登校する時通った海沿いのバス通りではなく、遠回りして裏山の細い道を登っては、桑の実や木イチゴを摘んで食べたり、道草をしてはしゃぎながら帰りました。

山の上からは眼下に根路銘の集落が一望できます。その先には海原に浮かぶ伊江島の塔頭《タッチュー》が見えました。私たちは海に向かっていっせいに「ヤッホー、ヤッホー」と叫び、だれが一番大きな声を出せるか競争したものでした。

日曜日には友達と山に登って薪となる枯れ枝を拾い、

大きな束にして背負って持ち帰りました。おばぁは必ず「ありがとう。助かるよ」と言って喜んでくれました。

薪拾いのあとでのどが渇くと、山の至る所に自生しているシークァーサー（ヒラミレモン）の実をみんなで食べたものでした。沖縄固有のクービ（タワラグミ）を見つけては歓声を上げて、口が真っ赤に染まるまで何個も何個も食べました。そんなふうに、自然界からいただいた豊かなおやつをみんなで楽しんだのでした。帰り道は急坂を下らなければなりません。でも、山のおやつを食べた後の足取りは軽やかでした。

当時、太平洋戦争の傷跡がまだあちこちに残っており、だれもが貧しかったのでした。でも、私は自然の豊かさに抱かれて、毎日楽しく走り回っていました。おばぁのあたたかな愛の中で育ったので、両親がいなくても寂しさや辛さを特に感じませんでした。これからもおばぁを助けて、少しでも支えてあげたい、役に立ちたい、そんな思いが一段と強くなっていきました。

小学校を卒業して、十三歳で中学校に入学しました。心も体も少し大人になった実感がわいてきたのを覚えています。

絶望の極み――骨髄炎発症

小学五年生の時から、夏休みになると宿題と着替えをもって、那覇の叔父夫婦の家に泊まり込んで家事を手伝うことにしていました。バスで片道三時間かかる道のりでした。掃除、子守り、水汲みなど、頼まれたことは何でもやりました。叔母からも、家事の仕方をいろいろと教えてもらいました。叔母は教師で厳しい人でしたが、私のことを「よく気が付くから大助かりだよ」と言って喜んでくれました。

叔母の家は高台にありました。水道のない時代で、水汲みは、子どもの私には大変な重労働でした。バケツ代わりのブリキ缶二個を下げた天秤棒を肩に担いで、長い坂を降りた先にある井戸から汲み上げ、また坂を上がり、家の貯水槽に満たすのです。一斗(一八リットル)入りのブリキ缶に水を半分ほど入れ、二個担ぐのですから、大人でもきつい仕事です。貯水槽が七分目になるには、三往復しなければなりません。

中学一年の夏休みが終わるころでした。私は水の入ったブリキ缶を担いで坂を上る途中で足を滑らせて転んでしまいました。その時に思いきり右膝を打ったため、激痛のあまりしばらく立ち上がれず、水は全部流れ出てしまいました。何とか叔母の家まで戻ったものの、夜になっても痛みが引きません。

翌朝になったら寒気がして熱が出てきたようでした。すると叔母は心配になったのか、私に「すぐに家に帰ったほうがいいね」と言いました。叔母は、たまたま根路銘に行くトラックを見つけて私のことを頼み込み、私は荷台に乗せられて、なんとか家まで戻ることができました。でも、熱のある体で数時間も強い日差しを浴びたせいか、私の顔は真っ赤になっていました。それを見たおばぁは怒りました。

「この子が役に立たなくなったからと言って、手のひらを返したように突き放すのかね」

おばぁがそこまで怒ったのを見たのは初めてでした。

翌日の昼過ぎでした。歩いている時に右足に激痛が走ってうずくまってしまいました。しかも、その痛みは、キリキリと刺すように激しくなるばかりで、まったく起き上がれなくなってしまったのです。右足全体が腫れあがっていき、その夜から高熱が続きました。

しかし、家には薬もなければ、近所に医者がいるわけでもありません。その頃、根路銘集落は無医村だったのです。たとえ医者がいても、おばぁには治療費が払えませんでした。私はそんなおばぁを気遣って一人でひたすら我慢しながら、来る日も来る日も熱や痛みと戦っていました。ベッド代わりの戸板の上に粗いゴザを敷いて、そこに寝たきりになり、痛みのために寝返りを打つこともできませんでした。

16歳まで過ごした根路銘の家

おばぁは、痛み苦しむ私を見て、何もしてやれずおろおろするばかりです、ずっと後になってそれが骨髄炎であると分かったのですが、当時は病名すらわからず、ただただ苦しんでいる私を見て、おばぁは悶えていました。

ある日、おばぁは、何とかしなくてはという精いっぱいの気持ちで、私を背負って二つ先の集落にある獣医さんに連れて行きました。私は近所の人に見られるのが恥ずかしくて嫌でした。特に学校の前を通る時は、嫌だ嫌だと言って、おばぁをどんなに困らせたことでしょう。おばぁは、私を芭蕉布の着物で頭からすっぽり覆って隠してくれました。しかし今思えば、おばぁが中学生にもなった私を背負うことがどんなに大変だったか、思い出すだけで涙が出てきます。

実のところ、その獣医さんにどんな治療をしてもらったのか何も覚えていません。獣医さんに人間を治療することが出来たのでしょうか。しかしそこには、おばぁの、必死な、やむにやまれない、孫への深い愛情がありました。それだけは確かでした。

私は毎日天井を見ながら、漠然と、そのうちに治るかもしれないという気がしていました。でも一向に治る気配はなく、ますます悪くなるばかりでした。やがて、右足の腿《もも》のあたりから膿《うみ》が出るようになりましたが、古布を傷口に当てておくだけでした。

当時、村の人たちは問題が起こるとユタ（沖縄や奄美群島の霊媒師）に占ってもらうことを習慣にしていたので、おばぁもユタに私の病気を占ってもらいました。ユタのお告げによると、私は戦死者の骨が埋まっている地面を歩いたため、たたりを受けて死ぬ運命にあるというのです。

それ以来、足の痛みに加えて、得体のしれない霊が私の前をさまよっているような恐れに縛られてしまいました。野鳥が突然部屋の中に飛び込んできた時など、死霊が私を殺しに来たのかという恐怖におびえました。当時、村では、野鳥が家の中に飛び込んでくるのは不吉な知らせだという言い伝えがあり、恐れられていたからでした。

中学一年の担任の先生は、夏休みが終わっても登校できない私に、『少女』という月刊雑誌を数か月届けてくださいました。それを読んだり、美しいカラー写真のページを眺めては慰められました。でも、村の人たち、それに親戚までが、私のことを伝染病か悪い疫病ではないかと恐れ始め、ある人は、私の家の前を通るときには息を殺して走り去っていきました。仲の良かった友達でさえ、もう会えなくなるのではないかと思うと、悲しくてなりませんでした。

（これまで人が私を受け入れてくれたのは、私が良く手伝うから、気が利くからだけだったのだ。その条件を失った私は、捨てられたようなものだ。私はだれからも必要とされていないのだから、生きていてはいけないのだろう。本当に慰めが欲しい時に、だれからも慰めを得られない……）

私は、十三歳にして人間の孤独をいやというほど味わったのでした。おばぁだけが、日々私をやさしく世話してくれました。その変わらない愛、深い愛をだれよりも神様が見ていてくださったと思います。

発病から三年が過ぎました。その頃になると、腿の数か所から膿が出るようになってしまい、悪化していることは明らかでした。おばぁは私を何とかして医者に見せて、治せるものなら治してやりたかったのです。しかしその余裕がないために何もしてやれない、そんなつらい日々を過ごしていたのでした。

ある日、おばぁは突然私に「明日、おまえを連れて名護の病院に行くから」と言ったのです。でも私は寝たきりで、身動き一つできません。名護までは数十キロ離れているのです。だから「そんなこと言ったって無理だよ」と言いました。

ところがおばぁは、「車も都合つけたから」と言います。信じられません。薬一つ買えないのに、病院に行くなんて。しかしそれは、祖母の、ありったけの愛情から出た決断でした。当時、根路銘集落で自動車を持っていたのは、同じ地区に住む知り合いのおじさんだけでした。私はその車に乗せられて、名護の病院に運ばれて行きました。おばぁは、親せきや知人に頼んでお金を工面したのでしょう。それは決してたやすいことではなかったはずです。

名護には、米軍が払い下げたカマボコ型の兵舎を再利用した病院がありました。院長の名嘉賀昌先生は私を診察してくださり、「骨髄炎」と診断されました。私は、その時初めて正式な病名を知ったのでした。これは大腿骨に発症しやすいのだそうです。那覇の叔母の家で、水汲みの帰りに転んだ時、細菌が右足の傷から大腿骨に入ったのでしょう。

初期の段階で抗生物質を投与して足をギプスで固定し、腿の骨に穴をあけて骨髄にたまった膿を排出する必要がありました。しかし、私の場合手遅れで、すでに腿の筋肉は壊死しており、大腿骨はハンマーでガラスを砕いたような状態になってしまったため、外科手術で右足を切断するしかないと診断されてしまいました。

けれど院長先生は、私がまだ十五歳なのだから、それはあまりにもかわいそうだと思われたのでしょう。

「こんなに若いのに、ここまで病状が進んでしまったなんて、信じがたい。骨はボロボロです。一度ギプスを巻いて様子を見たいのですが、ここまで膿が出続けているのでは、それも無理だと思います。もう少し落ち着いてからでないと、ギプスを巻くこともできません」と言われました。

結局具体的な治療方針は立たず、何の治療も受けられず、おばぁは絶望的な気持ちで私を根路銘に連れ帰りました。この時の費用も、おばぁにとってどれほど大変だったことか。仮に右足の切断手術を受けるとしても、さらに莫大な費用がかかります。そんなお金は残っていませんでした。

私は元どおり、戸板の上で寝たきりの生活を続けるしかありません。おばぁはそれまで、私のために尽くしに尽くしてくれました。自分は食べなくても私に食べさせてくれました。そのようにして愛情を与え尽くしてくれたのです。でも、この子にこれ以上何もしてやれないと分かったおばぁの心労は一層深まっていったように思えて、それはそのまま、私の心にずっしりと重く響いてきました。

私の右腿はパンパンにはれ上がり、あちこちから膿が出てうずきだし体も熱っぽくなりました。患部を切開して膿を出せば楽になるのではと思いついた私は、訪ねてきた近所の友達から安全剃刀を借りました。でも、おばぁには心配させないように黙っていました。

一九五四年一月のある朝、おばぁがいつものように農作業に出かけた後、私は起き上がることのできない体で、必死に手を伸ばして、怖かったけれど、安全剃刀を握って何度も力を込めて右腿に突き刺しました。膝の周りは血膿にまみれ、冬なのに額からは汗が流れました。でも血膿が出たので、痛みは和らぎましたが、心身とも疲れ果ててしまいました。

その時、胸騒ぎがしたおばぁは、農作業を中断して飛んで帰ってきました。

――愛とは不思議なものです。目に見えない出来事までわからせてしまうのですから。

おばぁは入り口で「今帰ったよぉ、登喜子」と言うなり、手足も洗わず、私の枕元にまっしぐらに駆け寄ってきて叫びました。

「どうした、その顔は！」

緊張で張り詰めた私の顔は、真っ青だったのでしょう。体にかけていた薄い古毛布をさっと取り除けてみると、右足は血膿まみれ。そばには血だらけの安全剃刀が……。

おばぁはそれをぼーっと見ていたかと思うと、いきなり自分の胸をかきむしりながら、私の足元でワーッと泣き伏しました。

「こんなにお前を苦しめるのなら、引き取って育てるんじゃなかった。お前がおばぁに痛みを知られないように、息を凝らして我慢しているのはわかっていた。結局おばぁはお前に何もしてやれないんだ。お前の足とおばぁの足を取り換えられるものなら、取り換えてあげたい」

私はこんな病気になってしまったから、おばぁにつらい思いをさせているのだと思い、苦しんでいました。でも、おばぁは私以上に苦しんでいたのです。私は涙があふれて止まりませんでした。

その頃おばぁはリュウマチの症状が出始め、私の世話をするどころか、自分の体を動かすのさえつらくなっていました。

それまでのおばぁは、愚痴などこぼしたことがない人でした。でもその時を境に、張り詰めていた糸がプツンと切れてしまったかのようで、冷たい世間に対する恨みごとや愚痴がボロボロと出てきたのでした。声を震わせながらこんなことを漏らしました。

「だれも振り向いてくれない。親戚の者さえ知らん顔をしているんだ。何も生活に困ってない妹までが、私に会うと開口一番『私にはお金がないのよ』と言いだす。私がお金を借りに来たのだと思い込んで、予防線を張っているんだ。これでは身内を気軽に尋ねることだってできやしない。悲しいことだね……」

おばぁは、よほどつらかったのでしょう。追い詰められてやり場のない気持ちを、ただ一度だけ私に見せたのでした。未熟な私には想像しきれなかった苦悩を、ただ一人背負い続けたおばぁ。その愛を、忍耐を、今でも思わないではいられないし、忘れることはできません。

しばらく沈黙が続いた後、おばぁは涙ながらにこう言いました。

「この先お前を一人残してしまうと、もっと苦しめることになる……」

二人とも、希望がまったく見えない真っ暗闇の中にいたのでした。

思い返すと、あの晩おばぁは私たちの将来を悲観して、一緒に死のう、それ以外にない、と考えていたのだと思います。――それがおばぁの、私に対する究極の愛であり、呻きの祈りでした。

その晩私は疲れてうとうとと寝てしまったようです。ふと目を覚ますと、おばぁは私のそばにじっと座ったまま、声もなく泣いていました。そのあとは、私も眠ることができなくなり、気がついたら夜が明けていました。

II　備えられていた出会い

故郷の山から湧く水は夏でも冷たい（1961年）

神様から遣わされた人たち

　翌朝のことです。全盲の女性が村の人に手を引かれてひょっこり訪ねてきました。根路銘の集落でただ一人のクリスチャン・平良《たいら》カメさんでした。何というタイミングでしょうか。この来訪こそ、神様が遣わした天のみ使いのわざでした。三年前、平良さんは人づてに私の病気を聞いて以来、イエス様の救いを祈り、会いたいと思ってきたけれど、連れてきてくれる人がいなかったそうです。

　もし、来訪があと一日遅れていたら、私とおばぁはどうなっていたでしょう。神様は実に確かな「時」を持っておられます。前の晩のおばぁの呻きは、祈りは、そのまま天に届いたのでした。思い返すたびに愛の神様のご摂理に驚くばかりです。

「長い間来ることができなくてごめんね。今朝、いつものように、登喜ちゃんをお救い下さいとお祈りしていたら、今日のうちにどうしても訪ねなくては、という思いに駆り立てられて、連れてきてもらったのよ」

そう前置きして、平良さんはご自分の証しをされたのでした。

「登喜ちゃん。いろいろつらい目にあってがっかりしているでしょう。私だって失明した時は、みじめでみじめで、何度死のうと思ったことか。うちの井戸に飛び込んでしまおうと思ったこともあったのよ。

そんな時、イエス様にお会いしたの。イエス様が私を愛してくださっていることがわかってからは、私はこんなに幸せでいいのだろうかと思うようになったのね。それまでは全盲という環境に支配されていたんだけれど、それからは逆にそういう環境を支配できるようになって、完全に解放されたのね。心の目が開かれて、初めて見える世界があるんだね。

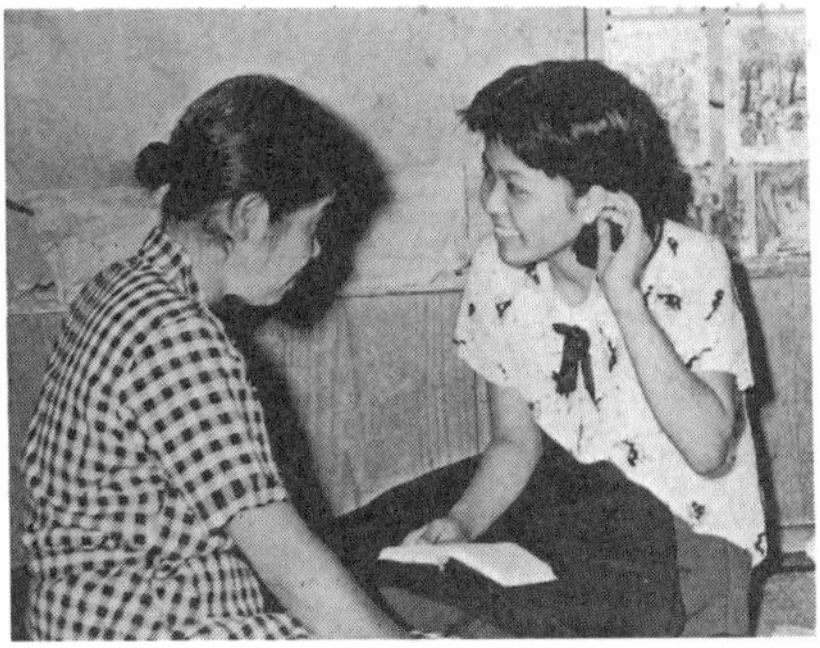

救われた後、平良カメ姉と

それ以来、朝から晩まで神様を讃美しているんだよ」

にこにこしながらそうおっしゃるのです。そんな姿に、私はこれまで感じたことのない新しい光を感じました。とはいえ、平良さんみたいに、すぐに神を信じるなんてできそうにありません。

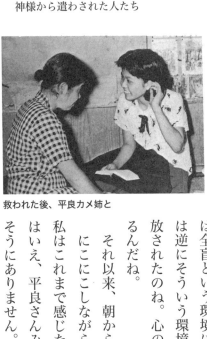

（私ばっかりこんなひどい目にあって、不公平じゃないか。神なんかいるものか。でも……でも……もし神がいるなら信じたい）

平良さんに勧められるままに、その気持ちをメモ用紙に書きました。平良さんはそれを、毎月お会いする神山本慎牧師に届けてくださるとのことでした。当時、根路銘には教会がなかったので、名護市にある伊差川教会の神山先生が、月に一回ほど隣村の求道者のお宅を伝道所として一泊して集会を開いていました。平良さんはその集会に集っていたのでした。

私のメモ書きを読んだ神山先生は、集会の翌朝にさっそく平良さんと一緒においでくださり、私が寝ている戸板のそばまで来られました。周りの人たちから、何かのたたりだ、伝染病だと恐れられ避けられていたのに。膿が出続ける右足。寝たきりでお風呂に入ることができない体。部屋に入っただけでも、ひどいにおいがしたでしょうに。

先生は、そんなことは気になさるどころか、私の髪をなでながらこうおっしゃったのです。

「苦しかったね……。よくここまで耐えてきましたね……」

何という優しい言葉でしょう。先生は目に涙を浮かべたまま、それ以上何も言えないようでした。でも先生のお顔には、イエス様の愛が輝きだしているのがわかりました。

(あぁ、平良さんが言っていたイエス様って、きっとこんなお方なのだろう)

「神様は登喜子さんを愛してくださっているのですよ。でも、私たちの心の中には罪が邪魔をしていて、その愛が届かないんです。太陽を遮る黒雲のようにね」

それを聞いた時、私は心がとても痛くなりました。心の中は罪の黒雲でいっぱいだったからです。それが、不思議なくらいはっきりと見えました。

どうして自分だけがこんな足になって、歩けなくなってしまったのか。みんなが歩けなくなったらいいのに。みんなが病気になったらいいのに……。一人取り残されている自分が悲しかった。そんなゆがんだ醜い心を見せられた私は、涙にくれていました。

すると先生はおっしゃいました。

「大丈夫です。私たちの罪を、人をねたんだり憎んだりする心を、イエス様がみんなご自分の身に負って十字架にかかって死んでくださいました。ですから、私たちはどんな罪も赦されるのですよ」

(それなら、私の醜い心もこの神様がきれいにしてくれるのかしら)と、半信半疑でしたが、真っ暗闇の中に、かすかな光が射しこんでくるのを感じました。

先生は帰りがけに、「これは、神様からのあなたへの愛の手紙です」と言って新約聖書をくださいました。

その晩私は、ランプの光を手元に引き寄せて、さっそく聖書を読みはじめました。間もなく、私はある言葉に目が釘付けになってしまいました。

「すべて重荷を負うて苦労している者は、わたしのもとにきなさい。あなたがたを休ませてあげよう。」（マタイ　一一・二八）

（こんなことを言う人はだれだろう）

よく読み直すと、それはイエス様でした。私のように重荷を負っている人のところには、だれも寄ってこようとはしません。ところがこのお方は、「そのままでいい。ありのままでいい。わたしのもとに来なさい」と招いてくださるのです。

私は、イエス様の前にこう申し上げました。

「イエス様、疲れています。休ませてください」

これが私の初めての祈りでした。それから先生に教えていただいたとおり、思い出すままに罪を告白しはじめました。

「イエス様、私は同級生がみんな歩けなくなったらいい、などと妬んでいました。赦してください……。嘘もつきました。赦してください……」

祈りながら、疲れもあっていつしか眠ってしまったようです。

光の世界に移されて

翌朝目覚めた時、本当に驚きました。今まで覆いかぶさっていた重荷がすーっと消えて、病気であることさえ忘れるくらい、心が喜びで沸き立っていたのです。置かれている環境も周りの状況も、昨日までとまったく同じで、あいかわらず戸板の上に身を横たえたままなのに。

外を見たら、目に入るものすべてが新鮮で輝いています。庭の木々は、それまでは風に揺れるたびに私を死へと招いているように思えたのに、青葉が朝日に輝いて躍動しているし、小鳥たちは神様を讃美するかのように囀っています。

私は台所にいるおばぁに大声で呼びかけました。

「おばぁ、おばぁ。青葉がきれいだね。小鳥が歌ってるね」

前の日に、神山先生に教えていただいたうろ覚えの子どもさんびかが、自然に口から流れてきました。

〝神さまは、軒の子雀まで、おやさしくいつも守りたもう
小さい者をも、恵みたもう　神さまは、私を愛したもう〟

それまで暗闇に覆われていた部屋から、今朝は楽しそうな歌が聞こえてくる……。
おばぁは何事が起こったかとびっくりして出てきました。私がイエス様によって生まれ変わったことは、おばぁにもすぐにわかりました。おばぁの顔にも微笑みが戻ってきて、家中の戸も窓もみんな開け放って、朝の新鮮な空気を部屋一杯に入れてくれました。
差し込む朝日の中で、久しぶりに二人でお茶を飲んでいる時、私ははっとして茶道具を見つめました。

(あっ、この湯飲み、それにこの急須。それぞれが目的にぴったりした形に造られて使われている。そうだ、私も、神様の目的があって造られたのだ)

それまでは友達への手紙にも、「この世に私ほど不幸な人はいません」などと書き、みじめだと言っては、おばぁと手を取りあって泣いていたのに。神様を信じたので、霊の目が開かれたのです。
私は自分で生きているのではなく、神様に生かされているんだから、何もかもイエス様にお任せするだけでいい、という実感が初めてわいてきたのです。足の病気のことも

お任せしよう。この足を、イエス様が本当に必要としてくださるなら治るでしょう。もし、主のお心が別にあるなら、取り除かれてもいい。イエス様が一番いいようにしてくださるのだから……。イエス様へのそんな確信と喜びが、心一杯満ちてきました。平良さんのように、病気という障害は、もはや私を縛ることはできないのです！

今思えば、何年も寝返りを打てないのに、私の体には床ずれができていませんでした。沖縄の熱い夏でも、細菌からも守られていたのは不思議なくらいです。

すべてが主によって解かれたかのような解放感と、不思議な喜びと平安が、次々と心にあふれてきました。

「だれでもキリストのうちにあるなら、その人は新しく造られた者です。古いものは過ぎ去って、見よ、すべてが新しくなりました。」（IIコリント　五・一七）

まさにこのみ言葉のとおりでした。私は肉にある古い登喜子から、キリストにある新しい登喜子に変えられました。闇の世界から光の世界に移され、死の世界からいのちの世界に生まれ変わったのです。絶望は希望に、涙は笑いに変わりました。神の子どもとされた喜びが、確信とともに溢れてきました。

こうして私は、この日を境に新しい自分を見出したのです。神山先生は、隣村の伝道所に来られるたびに我が家にも寄ってくださり、聖書の話をして信仰を導いてくださいました。

神山先生は祈りの器でした。神様ご自身をたくさん体験してこられ、さまざまな証しをしてくださいました。

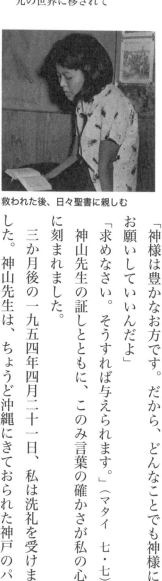

ある時、小学生のご長男が肺炎になってしまい、絶えず温湿布をしなければなりませんでした。でも、そのための炭を買うお金がなかったので、神様に祈り求めていました。すると間もなく、家の前に停まった一台の荷馬車から御者が下りてきて、「荷崩れして売り物にならなくなったから」と言って炭を一俵くださったのです。

救われた後、日々聖書に親しむ

「神様は豊かなお方です。だから、どんなことでも神様にお願いしていいいんだよ」

「求めなさい。そうすれば与えられます。」（マタイ　七・七）

神山先生の証しとともに、このみ言葉の確かさが私の心に刻まれました。

三か月後の一九五四年四月二十一日、私は洗礼を受けました。神山先生は、ちょうど沖縄にきておられた神戸のパルモア学院院長のカーブ先生に、私の洗礼式をお願いしてくださいました。カーブ先生は、沖縄宣教団代表のベル宣教師ともども、那覇から遠い根路銘にまで来てくださり、病床洗礼を授けてくださいました。私は、文字どおり神様の子どもとされた喜びに心が沸き立つ思いでした。カーブ先生は、私の受洗記念にと、イエス様がゲッセマネの園で祈っておられる姿を描いた聖画の額までくださったのです。初めて見る聖画でした。大事に部屋の壁に掛けておき、聖画のイエス様を見上げては祈り、励ましをいただいてきたのでした。

間もなくイースターを迎えました。その日の午後、神山先生を通して、卵がたくさん入った籠が届きました。それは、神山先生が巡回しておられた各地の集会所から、私の受洗祝いとお見舞いを兼ねて集められたものでした。当時卵は貴重なおいしいごちそうでした。おばぁは、たくさんの卵で厚くて大きな卵焼きを作ってくれました。そのおいしかったこと！　神様からの、皆さんからの、愛がこもった大きなイースタープレゼントでした。

私はイエス様の愛を人に伝えずにはいられなくなって、「伝道の機会をください」と祈り始めました。

皆さんの協力で愛隣園に移った日

「登喜ちゃんが、別人みたいに明るくなったんだって！」
そんなうわさを聞きつけて、近所だけでなく隣村からも、子どもたちが四〇人近く集まってきました。喜んでいると、神様は人を引き寄せてくださるのです。私は平良さんと一緒に週一回くらいずつ集会を開いて、聖書のお話を神山先生から聞いたとおりに伝えていきました。

その場で「イエス様を信じます」と告白してくれたり、「僕も信じました」との手紙を書いて持ってきてくれた子どもや、詩を書いて届けてくれた人もいました。今まで私の病気を恐れて避けていた人たちもやってきて、私と平良さんの証しを聞きました。その中から、後日何人もクリスチャンになったと聞きました。

その後、私は栄養失調と診断されて、栄養補給のためしばらくの間、沖縄キリスト教団立・愛隣園（戦災孤児施設）に入れていただきました。寝返りもままな

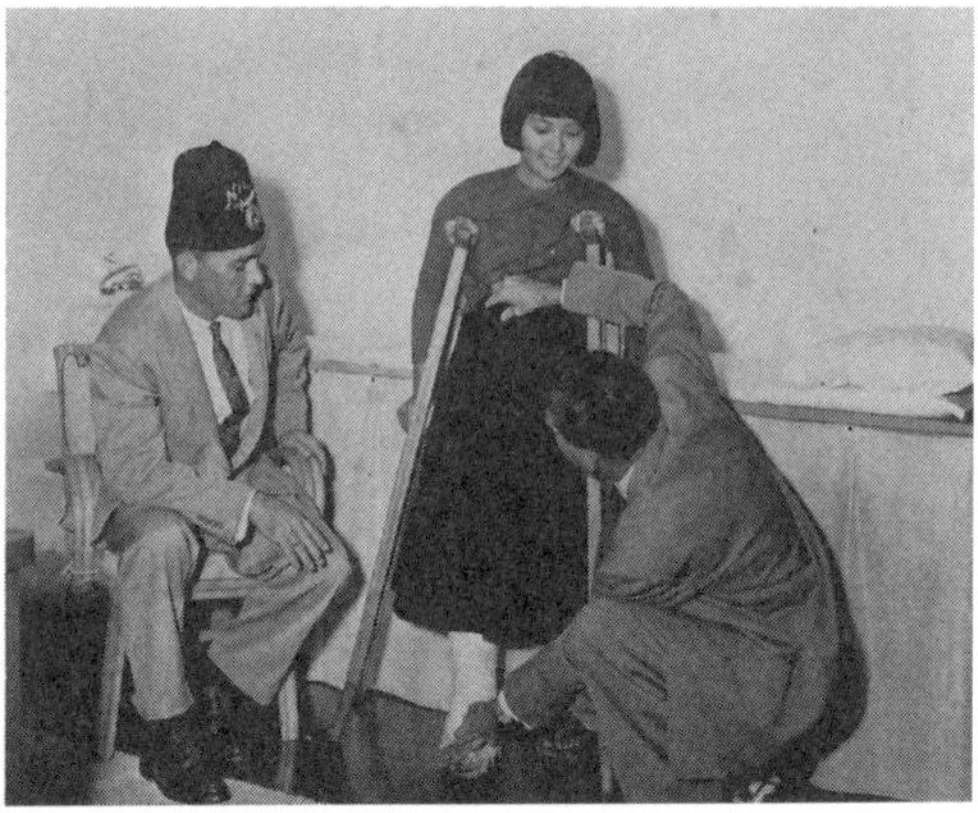
ギプスで下半身を固めて松葉杖で立つ訓練

らなかったのに、おかげで体力もつき、寝たきりの体を上半身だけ起こすことができるようになりました。これはベル宣教師やリカード宣教師たちのご尽力によるものでした。

在留米軍の奉仕グループの協力をいただいて、コザ（現・沖縄市）にあるコザ中央病院に入院して治療を受けることもできました。上半身まで覆うギプスで足を固定すれば、松葉杖で歩くことができるのではと思い、試してみましたが、膿が出続けていたのでうまくいかず、相変わらず病床生活が続きました。

しかし私の心は喜びであふれていました。私はしばしば主の前にこう申し上げました。

「主よ、どうしてですか。こんな小さな取るに足りない者に、大きな愛の手が伸べられているのです。不思議でなりません」

祈っているうちに、涙があふれてきて止まりませんでした。

こうして、おばぁが私のために流した涙と祈りは、愛のある方々へと確かにバトンタッチされていったのでした。やがて、私に想像を超えた恵みの世界が次々と開かれていくのです。

「見る信仰」を礎に

その頃からおばぁのリュウマチは悪化していき、足を動かすのも大変そうでした。それを見かねた神山先生は、私のために祈っていた時、「良きサマリヤ人」（ルカ 一〇・三〇～）のみ言葉から「あなたも行って同じようにしなさい」と、主から直接語りかけを受け、家族会議を経て私を養女として迎え入れてくださいました。おばぁも、この話は神様の愛から出たものと受け止めて応じました。

この時から、私の名前はそれまでの「大城登喜子」から「神山登喜子」に変わりました。〝神の山に喜んで登る子〟です！

当時、沖縄全体が戦後の貧しさから抜け出せていませんでした。特に私たちが住んでいた北部は貧しかったのです。子ども二人を抱えた神山先生ご夫妻も、決してゆとりある生活ではありませんでした。そこに病気の私を受け入れるのは、家族みんなの寛容で寛大な心、そして無償の愛なしには、決してできることではありませんでした。

私の養父となってくださった神山先生は、栄養失調だった私に牛乳を毎日二本飲ませるために、自ら牛乳配達の仕事までなさいました。（以下、養父、養母を父、母と記します）

その後、父はコザに移り、上地《じょうち》教会の牧師として仕えていましたが、開拓伝道に導かれて、自宅と教会を兼ねた「コザ基督伝道館」で新たに伝道を始めたのでした。

父は祈りの人でした。祈りとは何かということを、私に教えてくれたというよりは実際に見せてくれました。

父はお茶が大好きでしたが、お茶を買うお金がなくて、三日も四日もお茶が飲めない時がありました。

ある朝、父が自分の布団をたたんで押し入れに入れながら、「お父様、お茶を下さい。アーメン」と祈っているのが聞こえました。父は深い信仰者ですが、「わたしを呼べ」とおっしゃる神様を父親のように親しく呼び、子どものように単純な祈りをする人でもありました。

それから間もなく、まだ朝早い時間なのに、お隣の保育園の園長先生が突然わが家に来られました。

「神山先生、朝からすみません。実は昨日お届けしようと思ったのですが、これは田舎から送られてきたものですが」と言って、お茶が入った大きな袋を持ってきてくださったのです。

「えっ、お茶ですか」と、父は喜んでそのお茶の袋を高く掲げて「イエス様ありがとうございます」と真っ先にイエス様にお礼を言ったのです。普通だったら、持ってきてくださった方にまずお礼を言うと思うのですが。

このように、単純に、何よりまず主に感謝する人でした。そして祈りがこのように現実に答えられる場面を、私は何度も実際に見てきました。

ある時、わが家に食べものがまったくなくなってしまったことがありました。ご飯がないので、汁の中にほんの数本浮いているようなうどんを夕食に食べて寝た時、妹は空腹に耐えかねて、「お腹が空いた」と言って起き上がって来てしまいました。妹だけでなく、家族全員がお腹を空かせていました。父は「みんなこっちへおいで」と言って私たちを集めたのです。そして聖書を開いて読んだのが、父の大好きな次のみ言葉でした。

「わたしを呼べ。そうすれば、わたしは、あなたに答え、あなたの知らない、理解を越えた大いなる事を、あなたに告げよう。」（エレミヤ　三三・三）

「『わたしを呼べ』とおっしゃるのだからこのお方の御名を呼ぼう。そして、イエス様から、食事を届けてもらおう」と父は言いました。そこで家族みんなが輪になって、父が祈りました。

「神様、ご覧ください。わが家には、今お金はありません。米櫃の中にはお米がありません。お味噌も、お塩も、お醤油もありません。何もかもなくなりました。イエス様、家族みんなお腹が空いています。食べ物が欲しいです。お願いします」

そのように、思いを素直に言い表しました。神様は、私たちの常識を超え、知性を超え、理解を超えたことをあなた方に見せる、と言っておられるのです。このみ言葉は父を生かし、私の中にも、今も深く打ち込まれています。

やがて、夜が明けていきました。朝七時ころだったでしょうか。家の前に車が停まる音がしました。間もなく、住んでいる地区の区長さんと、一人の若いアメリカ人女性が降りてこられました。区長さんがその女性に「ここが神山牧師さんの家ですよ」と教えて紹介しました。区長さんのお宅にこの女性が電話をかけてきて、「そちらの地区に神山牧師さんはいませんか」と聞かれたのでお連れしたとのことでした。区長さんはすぐ帰られました。

その若い女性は、「神山先生。アナタ今、食べ物が必要ですね。ワタシ何を持ってきますか。卵ですか、牛乳ですか、お米ですか、パンですか、お肉ですか」と片言の日本語で聞きました。父はすかさず、「ぜーんぶ必要です」と答えました。「ワカリマシタ。すぐ持って来ます」と言って帰って行かれました。

間もなく、彼女はお母さんを車の助手席に乗せ、後ろの座席とトランクに食べ物を山のように積んできてくださいました。お米、何種類もの肉、魚、卵、パン、野菜類、粉ミルク、お菓子類、果物、それに洗剤までありました。母は洗剤がないままで洗濯をしていたのでした。

おかげで、我が家の玄関は頂いた食べ物でいっぱいになりました。彼女に「名前と住所を教えてください」とお願いしたのですが、「シンリー・メリー」と名前だけ書いたメモを手渡して帰って行かれたのでした。とりあえずカーナンバーを控えたところ、O―53となっていました。それは、当時駐留していた米軍の将校専用車のナンバーだとわかりました。

後日人づてに聞いたところ、その女性は米軍将校の娘さんで、米軍のチャペルで教会学校の先生をなさっていましたが、すでにアメリカに戻られたとのことでした。この女性は、以前から私の父が愛の人であると聞いていたそうです。その朝お祈りしている中で、神様に迫られての行動でした。

神様はこのように、具体的に答えてくださるお方なのです。父は、そのような経験を何度も何度もしてきたのでした。

思えば、父はエリヤのような信仰者でした。その証しだけでも一冊の本になるでしょう。聖書は抽象的な文字ではない、聖書は生ける神の言葉なのだと、深く思わされました。主に信頼するなら、主はみ言葉の約束を成就してくださる方だと知りました。それを日々生活の中で体験し、その現実を目の当たりにし、いわば「見る信仰」によって私の信仰は確実に養われていったのでした。

私は、あいかわらず横になったままでした。でも、上半身を起こして証しはできるし福音を語ることができます。それで、私は日々神様から新しい力を頂いて、教会学校に重荷をもって伝道と証しの奉仕をするようになりました。毎週子どもたちが教会に来るようになって、その中から救われ、熱心に奉仕をする子どもも起こされました。

私は、聖書とともに信仰書によっても霊的な渇きを満たされ、心が引き上げられていきました。聖書頒布の働きをしている方からいただいた『キリストによる癒し』という本から、主は死の床からも立ち上がらせてくださるとの信仰が養われました。不思議なのですが、それ以来、私は立って歩いている夢を見たり、癒やされた証しをしている夢を見たのです。

でも、現実の私の右足は、徐々に徐々に悪くなっていきました。発病以来すでに六年余りすぎており、太ももは、つきたての餅のように力なく伸びきっています。

このまま症状が悪化して細菌が脊髄にまで入ってしまったら全身に広がり、生命にかかわるので、最終的には右足のつけ根から切断するしかないとの宣告を受けていました。私の病床洗礼に立ち会ってくださったベル宣教師は、「それなら早速アメリカに義足を問い合わせて、注文してあげましょう」と申し出てくださったのでした。

主は癒やしてくださった！

入院・手術の日を待っていたある日曜日、私は何気なくラジオのスイッチを入れました。それは福音放送で、その日の午後、那覇の琉球ホテルのボーリング場で「キリストによる癒やし」という集会があると伝えていました。それ以上のことは詳しくわからなかったのですが、父は、「登喜子、この集会に出てみよう」と言い出したのです。

私は正直なところ、二つ返事で「行きます」とは言えませんでした。ラジオで聞いた以外、どんな主催団体なのか、どんな講師なのかといったこともわからなかったからです。それに、参加するとしても決して簡単ではありません。コザから那覇までは、かなりの距離があるのでタクシーを使っても時間がかかります。母は、「登喜子が癒やされるのは、ユダヤ民族が紅海を渡るよりも難しいことだね」と、つぶやくように言っていました。

父は「早く準備をしなければ」と促しました。父と母は大急ぎで私の足を板につけて、伸縮帯を巻いて固定しました。でも、膿も出ています。これでタクシーに乗れるのか心配しましたが、何とか乗り込むことができました。

四〇分以上かかって、ようやく那覇のホテルに着きました。すでに会場は六、七〇人もの人でいっぱいになっています。父は、私を抱きかかえてどんどん前に進んでいき、講壇に近い最前列の席に着き、私は長椅子に横たわりました。私は、自分の姿を見られるのは恥ずかしかったのですが、間もなく、全部主にお任せする気持ちに変えられていきました。

その日の講師・スカースキー先生はアメリカ・ノースカロライナから来られた癒やしの器でした。イエス様の十字架によるあがないと、よみがえりに表された永遠に変わらないご愛と御力を、通訳を通して熱く語ってくださいました。私は聞いているうちに、霊がどんどん引き上げられていくのを感じていました。

やがて最後に、決心を促す招きがありました。私は主の熱い迫りを感じて手を上げようとしました。ところがそれより先に、父が大きく手を上げるではありませんか。先生は直ちに近づいてこられました。父は私を指さして、癒やしの祈りをお願いしたのです。先生は私に聞かれました。「イエス・キリストはご在世当時、死人をよみがえらせ、足なえを立たせ、病人を癒やされた。それをあなたは信じますか？」

私ははっきり答えました。「イエス・キリストはまことの神でありますから、それができて当然です」

さらに先生は、「イエス・キリストは、その力においても、昨日も今日もいつまでも変わりありません。今、イエス・キリストは癒やすことができると、あなたは信じますか？」と尋ねます。

私は「はい、イエス・キリストならできます」とはっきり答えました。

すると、先生は片方の手で私の手をしっかり握り、片方の手をまっすぐ上にあげて、み言葉を唱えて大きな声で祈りだしました。英語だったので内容はわかりませんでした。でも、今まさにイエス様が私と一対一でここにおられ、先生の祈りを聞いておられるのをありありと実感しました。その瞬間、心が火のように熱くされて、こう宣言なさるイエスさまの声が響き渡りました。

「起きなさい。寝床をたたんで、家に帰りなさい。」（マルコ　二・一一）

このみ言葉は、なおも私の頭の中をぐるぐる回っていました。

しばらくすると、周りの人たちの驚嘆する声に、ハッとして我に返ると、何と、私は長椅子から立ち上がっているではありませんか。私の右手をスカースキー先生が取り、左手は父がしっかり持っています。私は、右足にぐっと力を入れてみました。するとどうでしょう。踏んばることができるではありませんか。イエス様は、私の足を瞬時に癒やして立たせてくださったのです。ただただ、聖名をあがめずにはいられません。

一歩、また一歩と歩き出した私の手を支える父は、涙ながらに「主よ、ありがとうございます……、ありがとうございます……」と感謝し続け、母は泣きながら私のあとについてきました。

私は、思わず手を挙げて、会場の皆さんに大きな声でこう言いました。

「皆さん、私は、今日まで歩いたことがありませんでした。それなのに、今こうして自分の足で立っています。イエス様は生きておられます。ハレルヤ」

すると、会場は驚きと期待とでざわめきだし、祈りを求める人たちが次々と出てきました。

その晩帰宅すると、私が癒やされたことを聞いて集まってきた信徒たちとともに、私の家では感謝と悔い改めの祈りがささげられました。

母は自分の顔を床板にこすり付けるようにして、涙を流してこう祈りました。

「主よ、私の不信仰をお赦しください。私はこの登喜子がまさか癒やされるとは、とても信じることができませんでした。時々簡単な計算さえ間違えるような、こんな小さな頭の中で、全能で偉大なあなたご自身を小さく小さくしていたのです」

神の全能に対する自分の不信仰を、涙を流して悔いていた母の祈りを、私は忘れることができません。

その時も今も、私が思っていることは、主なる神に決して制限を加えてはならない、ということです。私たちは、このお方の偉大な御力を、自分の知性や理性で制限してしまおうとするものです。ですから困難な問題に出会うと、いくら神様でも、このことだけはできないのではないか、という不信仰な思いになってしまいやすいのです。

「見よ。わたしは、すべての肉なる者の神、主である。わたしにとってできないことが一つでもあろうか。」（エレミヤ　三二・二七）

神様は、こうおっしゃる主権者なるお方です。

私の癒やしをだれよりも喜んだのはおばぁでした。

「もう、何の説明もいりません。登喜子を見れば、神様の存在、神様の愛はようくわかる。登喜子の中に、生けるキリストを見せてもらったのだもの」と言って主イエスを信じました。おばぁのこの言葉は、今も私にイエス様を見上げ、讃美に向かわせる言葉なのです。

おばぁが繰り返し口ずさんでいたのは、聖歌三九九番の折り返しの部分でした。

「ああ十字架、ああ十字架、カルバリの十字架わがためなり」

イエス様は十字架の苦しみを引き受けて、命を捨てるほど私たちを愛してくださいました。そのご愛に対する、おばぁの心からの応答だったと思います。いつも「神様はすばらしい」を口癖にするようになりました。

その後、スカースキー先生には何回かお会いしましたが、「癒やしてくださったのは主です」とおっしゃって、いつも主にだけ栄光を返しておられました。私のような小さな者のために、主はなんと偉大なことをしてくださったのでしょう。

前にも書きましたが、私は、イエス・キリストによって癒やされ立たせていただけるという、夢のようなことが現実になるのだとの思いが、心を駆け巡っていた時がありました。そのイメージの中で時を過ごすのが好きでした。そして、実際に奇蹟の癒やしがなされたのです。頭の中で思い描いていたことが、まさに現実になったのでした。

それからは、二本の松葉杖で歩行訓練を始めました。やがて一本だけに減らし、さらに杖なしで歩けるようになりました。

以前、右足の中で砕けていた腐骨を見た外科医は、「これを取り出すのは大変で、七、八回の手術が必要です」と言っていました。ところが主に癒やされた後、ある日腿が腫れだして、そこから箸のような状態の腐骨がニューっと突き出てきました。そんなふうにして腐骨が出てきて、いつの間にか全部体外に排出されたあと、その痕がふさがっていました。これもまさに主の奇蹟でした。

それまでは、疲れた時に膿が少々出てくるのでそのつど消毒していましたが、それからは膿がまったく出なくなったのです。

主に癒やされて六〇年以上たったころ、横浜の整形外科で右足のX線撮影をした時、医師の言葉を聞いて、あらためて主の癒やしの偉大さを知りました。

その医師曰く「あなたの足は、レントゲンで見ると骨がスカスカになっているけれど、しっかりしています。これは、私の医者としての経験からみても、考えられないことです」

私がかつて骨髄炎を発症した当時、仮に速やかに手術を受けることができたとしても、あの頃の医学レベルでは最高でも二〇年くらいしか持たず、再手術が必要だったとのことでした。

神様に癒やしをいただいてから六〇年余、骨髄炎はまったく再発せず、骨は折れず傷まず、伝道、牧会、家事、育児と日々忙しく立ち働いてきました。主のなさる癒やしは完全です。

人生に絶望はありません

池田　博

私は東京聖書学院に入学して登喜子に出会い、人生には決して絶望がないことを発見しました。

私たちはだれでも、人生の途上で大なり小なり思いがけない苦難と出会い、絶望の淵に立たされることがあります。そのような時、万策尽きて生きる気力を失い、疲れ果て、死ぬことにしか解決策がないのではないかと思い詰めてしまう人もいるでしょう。

かつて登喜子は、まさにそのような危機の中にありました。

しかし、憐れみに富む神は、そんな私たちをつぶさにご覧になっておられ、私たちの心のうめき、叫びに必ず耳を傾け、確かな助けの御手を差し伸べてくださるのです。（詩篇　四六・一）

イエス・キリストというお方は、愛そのものの神様です。私たちの心身の苦しみや罪を、身代わりに背負って十字架におかかりになり、私たちを解放してくださるお方です。

死の寸前まで追い詰められていた登喜子は、このイエス様を知った時、心に一筋の光が差し込んできたことに気がつきました。神様の救いの御手は、このようにして伸べられていくのです。

神様は平等です。えこひいきはなさいません。世界中のどんなへき地にも、どんな忘れられたような人々にも、手を差し伸べてくださるのです。

登喜子は、イエス様と出会った喜びが何よりも大きかったので、足の病気のことは、この神様にゆだねる信仰が与えられたのでした。


神に信頼して従うということは、神がその人を責任をもって導いてくださるということでもあります。

私たちは、えてして目に見える状況に振り回されたり、押しつぶされて、希望を失いがちなものです。しかし神様は、状況を必ず良い方向へと変えてくださるのです。

イエス様は、登喜子の心を新たに造り変えただけではなく、実際に生活環境を変え、体まで造り変えてくださいました。だれが見ても切断するしかなかった右足の大腿骨が、瞬時に癒やされたのですから。憐れみ豊かな神は、そこまでなさって、ご自身の愛と真実を表してくださったのでした。（イザヤ　四三・一―二）

登喜子の半生を思いめぐらすたびに、また、悩む方々が、登喜子を介してイエス様に出会い、希望を持って歩み直すさまを目の当たりにするたびに思うのです。

人生には、決して絶望はないのだということを。そして私たちは、一人ひとりが神様にとってかけがえのない大切な存在であって、だれもが神様のすばらしさを表すことができるのだということを。

名嘉先生と奇蹟の再会

主イエス様の全き癒やしを頂いてから十数年後のことです。私は神学校を卒業して沖縄に戻り、コザにある父の開拓教会の伝道師として、日曜学校や子ども集会、伝道・牧会を担っていました。

コザの、ある教会にご奉仕に伺った時でした。一人の姉妹から「弟が長期入院をしなければならず、気落ちしています。入院先で、ぜひイエス様の救いと癒やしの証しをして、弟を励まして祈っていただけますか」との依頼を受けました。それで私は一週間祈りを積んで、その姉妹と一緒に嘉手納《かでな》の病院に出掛けました。

大きな個人病院でした。玄関の表示を見たら「名嘉病院」と書いてあります。

（まさか！　私が初めて足の治療に連れて行ってもらったあの名嘉先生の病院？　でも、名嘉という苗字は沖縄では珍しくはない。それに、私がお会いした名嘉先生は名護市におられるのだから、別人でしょう）

そんなことを思いながら、面会時間に、依頼を受けた患者さんと病室でゆっくりお話をしている時でした。ノックとともに、二人の看護師さんと主治医の先生が回診に入ってこられました。

「今日は事情により、回診の時間が変更になったので、お見舞いの方は病室を出なくてもかまいません」とのことで、私と姉妹は病室の隅の方に立たせて頂きました。

病室に入ってこられた回診の先生は、確かに見覚えがありました。そうです、私がかつて名護の病院で受診した名嘉先生でした。でも、ここでお会いするなんて……。神様の奇しいお導きでした。名嘉先生はその後、名護から嘉手納に移られ、立派な個人病院を建てておられたのです。私は、そんないきさつを知る由もありませんでした。

私は回診が終わるやいなや、はやる気持ちを抑えきれず、上ずった声でこう申し上げました。

「名嘉先生！　名護の病院では本当にお世話になりました。大城登喜子です。もうお忘れかもしれませんが」

私が言い終わらないうちに、先生はびっくりして駆け寄ってこられ、「大城登喜子さん？　足は、足は、どうなっている!?」と言うなり、私の右足をさっとご覧になるや否や、驚きを抑えきれずにこうおっしゃったのです。

「だーだーだー！（強い驚きを表す沖縄の表現で、これはどうしたことだ！というその時の驚き）立っている！　立っている！　歩いている！　信じられん……。

いやー、あの時あなたの足はボロボロでしたね。これは奇蹟です。帰りにぜひ、院長室へ寄ってください」と言って病室を出て行かれました。

しばらくお待ちして、回診を終えられた先生と、院長室で感動いっぱいのひと時を持たせていただきました。

先生はこう言われました。

「これまで多くの患者さんを見てきたが、あなたは決して忘れることのできない一人でした。右足の腿の骨は、ガラスをハンマーで砕いたような状態だった。あの頃は、病院も、医療設備も、薬も乏しかった。足を切断するしかない状態だったんだ。

でも、あの時のあなたは十五歳くらいで、あまりにあどけない顔をした少女だった。そのあなたに足の切断のことは、私はとうてい言えなかった……。おばあさんも『これ以上の費用は出せません』と訴えてもいた……。かわいそうで忍びなかったが、そのまま帰すことしかできなかった……。

でも、あの時以来、あなたはどうしているか、忘れたことはなかった。そのあなたがこんなに元気になって、あの同じ足で歩いているなんて信じられない。夢を見ているようだよ。本当によく来てくれたね。うれしい。ほんとによく来てくれたね。

おばあさんはお元気ですか？」

当時、名護の病院で大勢の患者さんがいた中で、私のことをあまりにも鮮明に覚えていてくださったことも、感謝せずにいられません。

しばらくお話ししたあと、先生は、あらためて私の右足を診てくださって、感慨を込めてこうおっしゃいました。

「深い傷痕がこんなにも残っているのに、良く歩けるようになったものだ。まさに奇蹟だ。傷痕だらけの足がまさにそれを物語っている。でも、いったいどうやって歩けるようになったんですか」

私は、あれから教会に導かれてクリスチャンになり、ある時、瞬時に癒やされたことを簡潔に証しさせていただきました。

「それは良かった。長い間の僕の胸のつかえが、今日はすっかりとれたよ。それにしてもあなたが信じている神は偉大です。僕も今度聖書を読んでみましょう」としみじみとおっしゃるのでした。

その時、私はもう一つのことを思い出しました。名護の病院から根路銘に戻って、再び寝たきりの生活を続けているなかで、名嘉先生から、思いもよらなかった年賀状が届いたことです。しかも、三年間も送ってくださったのです。私にとってまったく初めての年賀状を頂いて、どんなに励まされてきたことでしょうか。それが私の宝物になっていたことをお伝えしました。

帰り際に、先生は「今日は、思いがけない感動の時を持たせてくれてありがとう」とおっしゃって、わざわざ玄関まで丁寧に送ってくださいました。

この日は、私の生涯に刻まれた美しい一ページとなりました。

「神のなさることは、すべて時にかなって美しい。」（伝道者の書　三・一一）

III　摂理の御手に導かれて

大勢の子どもを導かれて……子ども礼拝（コザ基督伝道館）

献身へのひとすじの道

「わたしの名で呼ばれるすべての者は、わたしの栄光のために、わたしがこれを創造し……」（イザヤ　四三・七）

このみ言葉が示すように、神様の救いに与った者は、それぞれ置かれた立場で神様の栄光を表す使命があり、主に仕えることが当然ではないかと思ってきました。伝道は牧師でなくても、だれもがその召しを受けていると思い、私は救われた直後から、導かれるままに証し伝道に励んできました。

二十歳で奇蹟的に右足が癒やされた時、この癒やしはさらに主に仕えるためだという思いが与えられて、伝道のためにもっと自分を訓練すべきだと思わされました。

おばぁと。自由に歩けるようになって

教会で証しを語る。両脇には神山師とおばぁ

子どもたちの歓声が聞こえてきそう。左はセブランド師

平良カメ姉と喜びの再会

父をはじめ、セブランド宣教師や喜友名みどり宣教師は、歩けるようになった私を伴って、紙芝居や聖書絵本、子ども讃美歌などを携えて、近隣の教会の子ども集会や公園伝道、身体障害児施設への伝道を行い、私は癒やされた証しとともに、生けるキリストを語り続けていきました。

「あなたの若い日に、あなたの創造者を覚えよ。」（伝道者の書　一二・一）

セブランド師はこのみ言葉に従って、児童伝道に特別な重荷を持っておられました。たとえば車で走っている時に、道端に子どもの姿を見つけるやいなや、車を停めて、助手席に座っていた私にイエス様の話をするように勧めました。私が子どもに話している間に、トラクトをすぐに手渡せるように用意なさっているのです。私は、そんなセブランド師の伝道の情熱に圧倒されました。

ふるさと根路銘には、七年ぶりに訪ねて伝道集会を持たせていただきました。村の人たちは、足が完全に癒やされて、別人のようにはつらつとした私を見て驚きました。隣家のおばさんや、小学校時代に担任だった先生の奥様は、「あんた、本当に登喜ちゃんなの？　信じられない」と異口同音に言い、何人もが夜の伝道集会に来て証しを聞いてくれました。

沖縄中部にある琉球聖書学院で、伝道の学びと訓練を受ける機会をいただけたことも感謝でした。講師の先生は、「登喜子姉妹は児童伝道の優れた担い手です」と言って励ましてくださいました。

「あなたは熟練した者、すなわち真理のみことばをまっすぐに解き明かす、恥じることのない働き人として、自分を神にささげるよう、努め励みなさい。」（Ⅱテモテ　二・一五）

村を離れて７年後、根路銘で伝道集会

ある日、ディボーションの中でこのみ言葉が強く迫り、心にとどまり続けました。私は神学校に行くように導かれているのかもしれないと思い、父にも相談したところ賛成して勧めてくれました。

父はホーリネス教団・東京聖書学院出身でした。私も、父と同じ神学校での学びと訓練を希望していました。一九六四年の冬、すでにこの学校の入学試験は終わっていましたが、特別に試験を受ける機会をいただくことができたので、一人で上京しました。

当時、東京聖書学院の院長であられた車田秋次先生によって、長時間にわたる特別基準試験（口頭試問と筆記試験）が行われました。終了後、ひとまず沖縄に戻り、試験の結果通知を待っていた私に、三月下旬「入学許可、上京されたし」との電報が届きました。大きな期待と喜びを胸に、大急ぎで準備を整えて再度上京しました。

こうして、一九六四年四月から学びがスタートしたのでした。

私は、病床で旧新約聖書を十数回通読していました。神山先生の養女として導かれてからは、たくさんの聖書注解書や参考書で学んでいました。聖書通信講座でも学び、それらのすべてが入学の備えとなっていました。

これらすべては、主のご計画と確かな導きのもとになされていったことだったのです。

父の母校での私の学びは、生涯主に仕えるという目標に向かう、新たな人生の第一歩となりました。

三年間の学費や寮費などは、すべてコザ在住のユダヤ人クリスチャン写真家・ブラッキーさんが援助してくださいました。

ただ、ただ、主の聖名をあがめるのみです。

着物を着て、ブラッキーさん家族と

子どもたちの祈りに現れた神のみわざ

一九六七年、東京聖書学院を卒業して沖縄に戻った私は、父の教会（一九五九年に沖縄中央教会に改称）の伝道師として、もう一人の婦人伝道師とともに奉仕しておりました。

ある年の夏休みに、沖縄の七つの教会が合同で子どもキャンプを計画しました。小学生二〇〇名と、運営を担う教師、牧師、それに炊事を担当するボランティアの保護者たち二七名とが、キャンプ場としてお借りした塩屋小学校で二泊三日過ごすのです。そこは、私が育った根路銘からもさほど遠くない沖縄北部の海沿いの村でした。

総リーダーの役を、児童伝道の卓越した専門家として知られるセブランド宣教師に担っていただきました。小学生を十数名ずつのグループに分け、教師が一人ずつ付いて、グループごとに教室を割り振って指導に当たりました。

ところがキャンプがスタートしたとたん、思ってもみなかった混乱状態に陥ってしまったのです。家から離れてキャンプ場に来たという解放感もあったのでしょうが、子どもたちは異様なほど興奮して、キャーキャー騒ぎ始めました。それがだんだんエスカレートしていって、ある教室で取っ組み合いのけんかが始まってしまったのです。教師の目の前で殴り合い、教師が止めようとしても聞きません。

一方では、禁止していた買い食いをする子たちもいました。注意すると、「キャンプのあんなまずい食事なんか、食えないよ」と平然と言って反抗する始末です。炊事のために、わざわざお願いして来ていただいている保護者の方たちの顔に、泥を塗るような言葉ではありませんか。これでは、キャンプ場がまるでサタンの巣窟となってしまったようなものです。

それだけではありません。決してあってはならない現金盗難事件が起こってしまったのです。しかも、被害にあった子どもは未信者の家庭から参加していました。牧師先生が親御さんに「教会のキャンプですから安心してください。私たちが責任を持って指導します」と言って送り出してもらったのです。

いったいだれが盗んだのでしょう。まったく見当がつきません。大人たちは、子どもたちに知られないように配慮しながら、盗まれたお金を探し出そうとしました。でも必死で探してもどうしても見つかりません。このままでは証しにならず、このキャンプは失敗だったことになってしまいます。セブランド師をはじめ、教師や牧師たちは懸命に祈りました。私も主催者の一人として、ひそかに祈り続けていたのですが、正直なところ、疲れを感じていました。

重苦しく混乱した空気が支配する中、キャンプ行事は一日、二日と進められていきました。二日目の午後は、子どもたちにとって一番楽しみな海水浴の時間です。青空の下、ほとんどの子どもたちが砂浜に走っていきました。

私は教室の二階の窓から海岸を眺めながらも、祈らずにはいられませんでした。盗難にあった子どものために、そして盗んだ子どもが素直に謝ってくるように。それに、振りかえってみれば、このキャンプに来て救われた子どもはまだ一人もいません。明日はもう帰る日なのに、これはどういうことなのだろう――。

そのことで神様からの迫りを感じて祈っていた時です。突然、バタバタと急いで階段を駆け上がってくる音がしました。振り返ると、コザ基督伝道館から参加している五、六年生の子ども七人でした。七人ともすでにイエス様を信じて洗礼を受けており、ふだんから熱心に教会学校に来ていました。

「どうしたの？　海水浴に行かなかったの？」

一人の子どもが言いました。

「先生、祈りの場所を見つけてきましたから、私たちと一緒に来てください」

彼女たちのまなざしは真剣そのものでした。私はとっさに、この子たちが私に何を求めてきたのかわかりました。

「わかったわ。一緒に行きましょう」

子どもたちが案内した場所は静かな小高い丘の上で、みんなが楽しそうに海水浴をしている様子を見下ろすことができました。私は、七人の子どもたちと輪になって祈り始めました。

「神様、このキャンプ場から救われないまま帰る者が一人もいないようにしてください」

子どもたちの祈りは熱心で力強く、天に届く祈りとはこういうものだと実感させられ、私自身、襟を正される思いでした。

ある子どもは、ひれ伏して泣きながらこう祈っていました。

「盗難の罪を赦してください。盗んだ子どもを赦してください」

ほかの子どもはこう祈りました。

「神様、今晩のキャンプファイヤーで立ち上がってください。最後の集会です。神様、みんなの心を捉えてください」

その子どもが「アーメン」と言って祈り終わらないうちに、次の子どもが引き継ぐようにして「イエス様……」と言って祈りだしました。そのようにして、全員が順番に何度も何度も祈り続けていきます。キャンプに参加した友達一人ひとりの名前や、先生たちの名前を挙げてとりなす祈りは切れ目がありません。何と、夕食を知らせる鐘が鳴るまで祈り続けていったのでした。

夕食の時間もざわついていました。私はその只中にあって、丘の上で祈り合った七人の子どもたちの心が、私の心にピンピン響いているのを感じていました。

夕食の後、いよいよキャンプファイヤーの時を迎えました。キャンプの責任者の牧師先生が立って挨拶しました。

「さぁ、皆さんで楽しいキャンプの歌を歌っていきましょう。『静かな湖畔の森の陰から』を歌いましょう。みんなよく知ってるね」

司会の牧師先生は、みんなを何とかまとめて盛り上げていこうとして、熱心に呼びかけました。

一同が歌い始めた時です。丘の上で祈り合った子どもの一人が大きな声で「先生、讃美歌を歌ってください」とお願いしたのです。その声は涙で潤んでいました。牧師先生はすぐに気づいて言いました。

「わかりました。それでは聖歌四四四番『我に聞かしめよ、主の物語、世にもたぐいなく良き物語』を讃美しましょう」

全員で歌い終わったとたん、一人の子どもが「私に証しさせてください」と言って立ち上がりました。丘の上で祈っていた子どもでした。

「このキャンプに来て、本当は楽しいはずなのに、私は今、とても悲しい気持ちになっています。イエス様が喜んでおられないことがいっぱい起こっているからです」

そこまで話した後は喉が詰まってしまい、途中から祈りに変わっていきました。

「イエス様、イエス様、赦してください。赦してください……」、「イエス様のお心を痛ませている罪を赦してください」

この祈りもまた喉が詰まってしまい、途切れ途切れでした。それほどまでに、イエス様に迫られたのだと思います。

すると、もう一人の子どもが立ち上がって語りだしました。彼女も丘の上で祈った子どもです。

「皆さん、私は自分の罪を思う時、自分は小さいうじ虫のような気がしてなりません。うじ虫のように汚い者です。そんな私のために、イエス様は十字架にかかって身代わりに死んでくださいました。でも私だったら、うじ虫のために命を捨てることなどできません。

イエス様、本当にありがとう……」


彼女はそこまで言うと感極まってしまい、あとの言葉は聞き取れませんでした。

証しが終わると、みんなしーんとなって沈黙が続きました。イエス・キリストの十字架が、まさに目の前に現れたかのように、イエス様の臨在がその場に満ち満ちたのでした。丘の上で祈った他の子どもたちも、次々と証しに立ちました。

証しが終わった時です。突然、「わぁー!」と声をあげて泣く声がしました。見ると一人の男の子でした。彼は「お金を盗んだのは僕です」と叫ぶようにして言ったのです。キャンプ場はしーんとなり、驚きを超えた感動の涙、感動の渦が湧き起こりました。この子どもはまだイエス様を信じていなかったのですが、聖霊の働きによって自分の罪が示され「ごめんなさい、イエス様。ごめんなさい、皆さん」と謝ったのです。そして、盗まれた子どものところに行ったかと思うと、何と、ひざまずいて「ごめんよ！」と謝ったのでした。まさにそれは聖霊の働きでした。聖霊は、私たちに罪を認めさせてくださるお方です。

それがきっかけで、みんなに悔い改めの霊が働いて、あっちでもこっちでも「ごめんなさい」、「ごめんなさい」と謝り合っている光景が出現したのです。聖霊がキャンプ場全体を覆っているのがわかりました。さらに、一同は自発的な祈りへと導かれ、祈りの輪がいくつもいくつも生まれていったのでした。

このキャンプのためにお手伝いしてくださった方々の中からも、救われる人が起こされました。この時のことがきっかけで、やがて塩屋の集落に教会が建てられたのでした。私の義妹はこのキャンプの奉仕者として来ており、この時に聖霊に導かれてイエス様を信じました。

こうして主のすばらしいみわざは、子どもたちの祈りから始まったのでした。

神の栄光、みわざは、いつも祈りから始まります。なぜなら、栄光が現れた時、人はだれも「これは私がした」と言わないためです。これは、祈りを聞いてくださった主のみわざです。この、全能であられるお方、地を造り、それを確立された方はこう命じておられます。

「わたしを呼べ。そうすれば、わたしは、あなたに答え、あなたの知らない、理解を越えた大いなる事を、あなたに告げよう。」（エレミヤ　三三・三）

キャンプ場で起きたみわざは、その後私たちのコザ基督伝道館（のちの沖縄中央教会）にも波及し、さまざまな祝福をもたらしていきました。

教会学校では、キャンプで祈りと証しのご奉仕をした七人の子どもたちを中心に、皆が霊的に目覚ましく成長し、もっと聖書を知りたいという子どもが増えていきました。父母たちの協力の下、ある方はご自宅を開放してくださり、「家庭子ども聖書の学び」という集会が毎週行われました。

教会の伝道活動も活発になっていきました。教会学校で養われた子どもたちは、中学生になると、二人一組になって熱い祈りをささげてから、トラクトを持って病院伝道に出ていきました。

私はセブランド宣教師に伴われて、沖縄各地、特に宮古島、与那国島、石垣島、西表島などの離島へと伝道を広げていきました。どの島でも連日大勢の人が集まり、建物に

子どもたちが熱演したクリスマス劇(1960年12月26日)

入りきれないので野外で集会を持ちました。そのどれもが、私にとってセブランド師による児童伝道の指導と訓練の場となりました。

ある年のクリスマスには、教会学校の子どもたちがクリスマス劇を通した伝道会を企画しました。ポスターや案内状なども、みんなで祈って知恵をいただいたオリジナルの手作りです。それを使って家族や友人を誘いました。会場は隣の保育園をお借りしたのですが、子どもから大人まで超満員で、入りきれない人たちもいました。

子どもたちが熱演したクリスマス劇は、終わっても拍手が鳴りやまず、会場の隅々まで感動の渦で満たされていました。用意したトラクトや教会案内のパンフレットは、皆さんが持ち帰って一枚も残っていませんでした。このクリスマス会がきっかけで、イエス様を信じ、のちに洗礼に導かれた子どもや大人が何人も与えられたのでした。

ここにも、夏のキャンプ場の「あの丘」で祈った子どもたち七人を導いた霊の流れがありました。あれから教会に現れたさまざまな祝福は、あの時の子どもたちの涙の祈り、ひたすらに主の聖名を呼ぶ祈りとつながっていると思えてなりません。あの時の、小さな、けれどこの上なく真剣な祈り……。それは、だれよりも主が願っておられたことだったと思わされるのです。そこに、神様は偉大なみわざを表してくださったのです。

妻は最高のパートナー

池田　博

一九六四年、私はホーリネス教団・東京聖書学院に入学しました。この神学校はもともと東京・新宿区にありましたが、その年に東京都下の東村山市に移転したのです。周りは畑ばかりの、のどかな田園地帯でした。神学校の建物が新築ということもあって、とても新鮮な気持ちで献身者としての生活が始まりました。日本各地から、さまざまな背景を持った神学生（ホーリネス教団では、伝統的に修養生と呼んでいました）が導かれていました。

四月、緊張の中で神学校生活が始まりました。一般の学校と違い、修養生は学問を学ぶだけではなく、普段の生活も大事な訓練の場でした。朝六時の早天祈禱会から一日が始まります。チャペルに全員が集まり静思の時を持ったあと、学生が交代でショートメッセージをします。祈りの課題があげられ、各自祈り終えるまでが、朝食前の決まりになっていました。

七時から朝食で、食堂でみな一緒にいただきました。片付けのあと、八時半から授業です。授業は学年単位で行いました。私たち一年生は一〇名でした。

神学校生活に少しずつ慣れてきた五月の初め、隣にある宣教師館で新入生の歓迎会が行われました。もてなし上手な宣教師たちによっておいしいご馳走もふるまわれ、和やかで楽しいひと時を過ごしました。

後半になった時、司会の宣教師が、「それではここで、一人の新入生に証しをしていただきます」と言われて、立ったのが沖縄出身の神山登喜子姉でした。骨髄炎で切断するしかなかった足が、祈りによって瞬時に癒やされたという証しでした。そんな奇蹟は、これまで聖書以外で聞いたことがありません。

証しが終わった時、私は驚きと感動のあまり、思わず「神山さん、今、ここで、もう一度歩いてみせていただけませんか」と声をかけたほどでした。もちろん、入学以来彼女が歩く姿を見てきたわけですが、思わずそう言わずにいられないほど生々しい衝撃を受けたのです。そこにイエス様がおられてこの姉妹を立たせたかのようで、心が打ち震えたのでした。これが、強いインパクトとなって心に刻まれ、今でもまるで昨日のことのように鮮やかによみがえります。神様は今も生きて働いてくださることを、身をもって証明してくれたのですから。

入学早々から、登喜子姉は「祈りの人」、「信仰の人」として抜きんでており、注目されていました。同級生からは「近寄りがたい」とか「心の中が見透かされそう」などと言われて、常に畏敬のまなざしで見られていたのです。

三年間、私たちはさまざまな学びと厳しい霊的訓練の中で過ごしました。夏の約二か月は、全国の教会に派遣されて伝道実地訓練です。毎週金曜日は、立川駅前のビルの一室で、神学生だけの伝道訓練、毎週日曜日は、近隣の教会に派遣されて訓練を受けます。宣教師の授業では何冊もの信仰書を読んでレポートを書かなければならず、なかなか大変でした。宿舎は上級生との相部屋で、個人的な指導と訓練を受けました。

こうして三年間を過ごし、卒業後はそれぞれが任命を受けた教会に派遣されて行きました。ホーリネス教団は、昔は監督政治、今は任命制度ですが、特に新卒の神学生は、一方的に上からの指示で任命先が決まりました。

私は、静岡県伊東市の伊東ホーリネス教会に任命されました。任命後に分かったことですが、前任者が会堂建設途中で辞任する、という混乱状態の中で、なぜか新卒の私が任命されたのです。俗に言う〝貧乏くじを引いた〟ような状況でしたが、これも神様のご計画の一つでした。結果として、一年で会堂建設を終えることができ、クリスマスには献堂式を行うことができました。私にとって、その後の牧会のために、とても貴重で有意義な経験をさせていただけたのでした。

私はもともと開拓伝道を希望していたので、献堂を一区切りとして教会を辞任し、新たな一歩を踏み出しました。その後一年間、聖書神学舎の聴講生として学びつつ、開拓伝道への導きを祈り続けたのでした。

やがて、主のくすしい摂理の中で、リーベンゼラ宣教団・本郷福音キリスト教会（横浜）での開拓伝道へと導かれていきました。

私は結婚についても神学生の頃から導きを祈ってきました。さまざまな思いや願いのある中で、最終的に、東京聖書学院の同級生だった神山登喜子姉との結婚に導かれました。もし、私たちがこの神学校に入学していなければ、出会うことはなかったでしょう。その導きの背後には、主の不思議な、しかし、確かな摂理の御手があったことが、後になればなるほど明らかになっていきました。それは、神学生時代の登喜子姉の神様と向き合う姿勢と伝道への情熱に表れていました。
・まず何より、信仰（救いと癒やしの証し）が鮮明である。いつもそれが用いられていた。
・祈りの人である。早天祈禱では、いつも一番早く礼拝堂に来て祈っていた。
・学びに対する真剣なまなざしが光っていた。
・どんな奉仕にも積極的に参加する姿勢が目立った。
・教会学校（児童伝道）に対する使命がはっきりしている。
・常に前向きで、性格が明るい。厳しくつらかった子どもの頃の暗さがまったく感じられない。
・弱い立場の人への深い思いやりがある。
・情に熱い。

このような賜物と証しによって、それからの私の伝道・牧会はどれほど支えられ、生かされ、用いられたことでしょう。出会わせたもう主は、いかに誉むべきかな！

一九六八年八月、私たちは神山本慎師の司式によって、沖縄中央教会で婚約式を行いました。

その頃沖縄中央教会では、神山師の長年の願いだった会堂建設工事が順調に進んでいました。ところが、完成まであと一歩という十月二十六日、神山師は脳溢血で倒れ、残念なことにそのまま天に召されてしまったのでした。まだ五十八歳でした。

混乱の中でしたが、教会には神山師の後を継ぐ牧者が必要でした。教会員の皆さんは登喜子師の婚約者である私に期待の目を注ぎました。それが自然の成り行きと考えても不思議ではありません。しかし私は、そんな周囲のまなざしに取り囲まれながらも、「神様のみこころを知るために一晩祈らせてください」とお願いして、静まって祈り始めました。その中で次のことに気づかされたのです。

実は、本郷福音キリスト教会開拓という約束をいただいたのは、神山師が召天する前日でした。祈る中で、この重大な緊急事態によって、前日の約束が心の片隅に追いやられていたことに気づかされました。もちろん、前日に交わしたのは仮の約束でしたから、辞退することはできました。しかし、この一日違いの中に、主の大切なメッセージが隠されているのではないか……。

私は腰を据えてさらに祈りました。

(あなたはわたしに従いなさいという、細く小さな声を心にとめていますか?)

心に語りかけてきたこの声によって、みこころが見えてきました。一日前に決めた導きに従いなさい、と主は言っておられるのです。人が神からの召しをいただいて具体的な働きをスタートする時、神はあえてその人にのっぴきならない重大事を起こし、なおその中で神の細き御声を聴き取ることができるのか、テストなさることがあるのを学ばされたのです。

しかしながら、沖縄中央教会の皆さんの苦渋する顔が目に浮かんできます。登喜子師にしても、両者の間に入って、どんなにつらい立場に立たされることだろう。「それでは、皆さんの教会に赴任いたします」と言えたらどんなに楽で、どんなに皆さんに喜ばれることだろうと思うと、胸が締め付けられるようでした。

しかし神様は「あなたはわたしに従いなさい」と確かにおっしゃいます。

このことを、教会員の皆さんに正直に丁寧に説明すると、皆さんは、初めは戸惑いながらも、それがみこころであると分かってくださったのです。

教会には間もなく、よりふさわしい牧者として、同盟キリスト教団から町川洋三師ご夫妻が遣わされました。

神山師亡き後、会堂建設は頓挫するかに見えましたが、信徒中心に引き継がれ、一九六九年二月、無事に献堂式を迎えました。

念願の礼拝堂を献堂

翌月の三月二十一日、予定どおり私たちは新築したばかりの沖縄中央教会で、結婚式を挙げさせていただきました。多くの方々がお祝いに駆けつけてくださり、新会堂は人で溢れるほどでした。

登喜子師を育ててくれたおばあさんは、婚約式にも結婚式にも出席してくれました。最愛の孫娘が、このように祝福された結婚式を挙げたことを、どんなに喜んでくださったことでしょうか。

一九六九年四月、私たち夫婦は、主が選び、定めてくださった宣教の地・横浜に住み、本郷福音キリスト教会（現・本郷台キリスト教会）で開拓伝道を始めました。

神山家にも、神様の祝福が現されました。長男・繁實兄は、東京神学大学・同大学院で学んだのち、沖縄で牧会し、その後アメリカのウエスタン神学大学大学院に留学。サンフランシスコ神学大学で神学博士の称号を得ました。二〇〇四年から二〇一一年まで、沖縄キリスト教学院大学初代学長、同短大学長を歴任しました。

妹の神山惇子姉は、東京の草苑保育専門学校を卒業し、日本キリスト教団日野台キリスト教会付属・日野台幼稚園（日野市）に六年務めた後、献身して横浜の共立女子聖書学院を卒業。再び日野台幼稚園に勤めた後、日野市立「希望の家」（児童養護施設）に長く勤務しました。現在は、本郷台キリスト教会の保育園「のあ」で、保育士として仕えています。

献身の決意も堅く、池田博師と結婚

前列空席は故・神山本慎師の席。
新婦の隣は左から順に養母、実母、おばぁ

廃品回収伝道は最強の武器

池田　博

私たち夫婦が、横浜市の南端に位置する住宅地・本郷台で本格的に教会開拓を始めたのは一九六九年四月でした。その五年ほど前に始まった家庭集会をもとに、ドイツから招いた宣教師によって三年間伝道がなされ、私たちに引き継がれたのでした。

会堂は通称〝お風呂屋教会〟と呼んでいた和風の古い建物でした。建物はかなり大きくて、天井が高く、どっしりとした屋根瓦が乗っているので、一見してお風呂屋さんと見間違えてしまいそうな造りでした。それで後に若者たちが集うようになってから、だれ言うともなく〝お風呂屋教会〟と呼ばれるようになりました。家主の話によると、もともとは別な場所にあって養蚕に使われていたのをここに移築し、四軒に区分けして（といっても筒抜けの壁一枚で仕切られているだけ）、借家にしたとのこと。私たちはその中央部分を借りて教会としたのでした。

入口の両側の外壁にはベニヤ板が張られ、左側に「神は愛なり」と「本郷福音キリスト教会」、右側にはベニヤ板一杯に真っ赤な十字架が描かれていました。

玄関は昔の造りなので上がり框《がまち》は高くなっていました。廊下の先は八畳の和室。奥は六畳で、押入れがそれぞれの部屋についていました。左に小さな台所、その奥はトイレでした。部屋の仕切りの真ん中に柱があって、講壇が見えにくくなっているので、皆さんが〝邪魔柱〟と呼んでいました。公田団地に近く、道路から一〇メートルほど奥まったところにありましたが、バス通りからは結構目立ちました。

“お風呂屋教会”で開拓伝道を開始

先任のエッツェル宣教師家族が三年間種まきをしてくださり、一〇人ほどの信徒がおり、教会学校の子どもたちも一〇人ほどいました。教会員の方が、教会から歩いて五分ほどのところに借りておいてくださった新築の家を牧師館としました。

私は妻とともに、毎朝の祈りが終わると直ちにトラクト百枚を携え、与えられたバイクに乗って近所から半径一〇キロ範囲で配り、訪問伝道も積極的に行いました。特伝（特別伝道集会）は年二回行い、毎月第一日曜日には、教会員を総動員してトラクト配布に出かけました。皆さんが伝道の意欲に燃えていたのです。

その結果、最初の年の一九六九年は、五名の受洗者が与えられ感謝しました。教会学校は祝福されて子どもたちが次々と集まってきます。開拓二年目には、伝道団体からの援助金と銀行借入金とで会堂用地を購入できました。

伝道はやればできる。種をまけば必ず収穫がある。そんな思いで、さらに積極的な伝道計画を立てて進めようとしました。ところがそれ以降、やることなすことすべて空回りして一向に伝道が進みません。受洗者も転会者もほとんど与えられず、教勢は伸びなかったのです。しかもそれが二年、三年と続くではありませんか。

主のなさることは不思議です。祝福と厳しいお取り扱いとが隣り合わせにあったのですから。これらはみな、主の深いご計画、摂理の中で進んでいるのだということをのちに知るのです。開拓二年目から、私は神様の訓練期間に入ったと言えるでしょう。

会堂が、〝お風呂屋教会〟と呼ばれていたようにおよそ教会らしくない造りなので、（これでは人が寄ってこないのも、特伝をしても人が根付かないのも当然だ）と建物のせいにしたくなるほど、私の心はゆとりを失っていたのでしょう。

しかしそんな時も、妻は私を責めたり批判したりせず、「伝道する建物があるのは素晴らしいです。感謝しましょう」と言って励ましてくれました。そして沖縄で体験してきた厳しい生活と、その中に働いてくださった生ける神様の証しをしてくれました。その証しは、私にとってどんなに大きな慰めになったことでしょう。でも、私自身は伝道・牧会に行き詰まるばかりで、自らを苦しみに追い込んでいったのでした。

開拓伝道が四年ほど過ぎた時、行き詰まりを決定づけた出来事が起こりました。

久しぶりに特伝から導かれて救われた一人の青年が、受洗を決心しました。洗礼準備に時間をかけ、いよいよ来週は洗礼式というその週の水曜日、その青年が突然電話をかけてきて、「先生、僕、洗礼やめます」と言ったのです。私はびっくりして「どうしたの。何があったの。何でも話して」と言ったのですが、「理由は聞かないでください。来週から教会にも行きません」と言って、ガチャンと電話を切ってしまい、それからまったく来なくなってしまったのです。そのショックは、私の気持ちを決定的に追い詰めてしまいました。

（私がこれ以上ここで伝道しても、教会に対して邪魔になるだけだ。ここにいてはいけ

ない）

それから間もない礼拝で、私はメッセージの後、講壇から降りて皆さんの前に立って言いました。

「申し訳ありません。私は、今日限りで教会を辞任させていただきます。私には牧師の資格はありません。あとのことは皆さんで話し合って、どうするか決めてください」

皆さんは突然降って湧いたような私の言葉に「いったい何があったのですか？」と言わんばかりにあっけにとられてしまい、しばらくの間沈黙が続きました。妻はひたすら黙って従っていました。

すると、沈黙を破るかのように一人の老姉妹が立ち上がって、こう言ったのです。

「先生、先生はまだお若いんです。これからです。私たちは先生のために祈ります。私たちは先生についていきます。頑張ってください。よろしくお願いいたします」

思ってもみなかった言葉でした。それはまさに天の声でした。ほんの一瞬の出来事でしたが、私にはとてもとても重い重い言葉でした。その老婦人の一言、一言を聞いている間に、私の心にあったあんなにも重苦しい暗い気持ちが、嘘のように消えていくのを感じました。そして「よろしくお願いいたします」という最後の言葉を聞いた時、信じられないのですが、私の心は光が差し込んだように晴れ渡っていき、暗闇から光の世界に移された思いがしたのでした。

私は、自分でも不思議でならなかったのですが、反射的に「わかりました。これからまた、よろしくお願いいたします」と口に出していたのです。その一部始終を、妻は静かに見守り、祈ってくれていたのでした。

それまでの私は、自分の経験や常識で神様の御力を制限していたのでした。そんな自分の殻が、この時を境に破れていくのがわかりました。牧師としてのプライドや常識から、少しずつ解放されていったのです。天から主に触れられて、生き方、伝道の仕方の一大転換ができたのです。

当時巷では、古新聞や古布、段ボールなどをチリ紙に交換してくれる廃品回収のトラックが盛んに往来していました。朝から晩まで「チリ紙交換です」とスピーカーで呼びかける業者の声が、聞こえない日はありません。正直なところ、うるさくて辟易していました。

しかしそのスピーカーの声から、ふと思わされました。このうるさがられる仕事こそ、街中に伝道するのに役立つのではないか――。

まず妻に相談してみました。すると彼女は「聖書に『私は福音のためならどんなことでもする』とあるのですから、いいじゃないですか。賛成です」と言いました。これは何より大きな励ましでした。

こうして廃品回収（チリ紙交換）の仕事をする決断をしたとたん、私の心には次々とアイデアが浮かんできました。讃美歌を流して教会のアピールをしよう。トラクトを持っていき、新聞を出してくれた人に配ろう。三浦綾子さんの本を用いよう等々。

廃品回収業の会社を探してみると、意外に近くにありました。そこに飛び込んで、社長に名刺を出しながら、雇ってもらいたいとお願いしました。社長は（牧師がそんなことをするのか）といぶかしく思ったようでした。でもひるまずにお願いすると、「この仕事は簡単に見えるかもしれないけど、根性がないと出来ないんだぞ」と脅し気味に言い、「ノルマがあるぞ。一カ月で新聞を最低一五トン集めるんだからな」と念を押しました。私は「わかりました。頑張ります。よろしくお願いします」と答え、社員として雇ってもらえることになり、一トントラックも貸してもらえることになりました。

ところが、最初賛成してくれた妻は、仕事の現実を目の当たりにして戸惑っていました。無理もありません。当時の私はきゃしゃな体つきでした。二〇代のころは大学の研究室にこもり続け、およそ肉体労働とは無縁の日々を過ごしてきたのです。牧会だけでも大変なのに、そんな私が廃品回収会社の社員としていきなりノルマのある労働を始めたら、体を壊すのではないかと案じたのでした。

私は断言しました。「これは、僕が主の前に出て、主から迫られて決断したことなんだ。主が必ず責任を取ってくださる」

妻を安心させるためにも、こう言って後に引きませんでした。

仕事を始めるにあたり、まずトラクト数千枚と讃美歌のテープを注文しました。三浦綾子さんの『道ありき』などの本も注文し、荷造りひもなどの小道具を用意しました。私たちの伝道団体「リーベンゼラ日本伝道会」は、教団組織ではなかったので、本部の許可や承諾をもらう必要はなかったのですが、この仕事を始めることは伝えておきました。

ある日、本部の理事たちがわざわざ教会を訪ねてこられて「池田先生。牧師がアルバイトや内職などをするのはかまわないのですが、廃品回収はいかがなものでしょうか。もう少し、牧師に見合った仕事があるのではないでしょうか。よくお考え下さい」と愛の忠告をしてくださいました。

しかし私にとって、この仕事は単なるアルバイトではなく、伝道なのです。それで「ご忠告はありがたく受けさせていただきますが、信仰の決断から出たことですから」と言って聞き置くだけにさせていただきました。

一九七三年七月一日の主日に、教会の皆さんに廃品回収の仕事を始めることをお伝えしました。これは祈って導かれたことであり、街中に伝道するのにうってつけの仕事であると伝えると、皆さんが少々驚いておられました。でも、先日来の私の変わりようと決意の固さをみて納得してくださり、むしろ私の体力のことを心配してくださいました。こうして皆さんに祈っていただき、立ち上がらせていただきました。

翌七月二日、近所の湘南桂台の住宅街から廃品回収をスタートしました。まず、讃美歌を流し始めたものの、最初の一声がなかなか出てこないのです。気がついたら桂台住宅を通り過ぎていました。もう一度戻って、今度こそ気を取り直して、祈って第一声を発しました。

「ご町内の皆様。讃美歌でおなじみのチリ紙交換でございます」

三回ほど声を出しましたら、一人の主婦が門のところで手を挙げてくださいました。

大事な最初のお客様です。話してみてわかったのですが、その方はクリスチャンで、その後も長く協力してくださいました。うれしい証しです。

讃美歌を流したことはインパクトがあったようで、多くの方が手を挙げて古新聞を出してくださいました。

どなたも「どうして讃美歌なのですか?」と口々に聞かれました。そこで、私は牧師で、教会堂を立てる資金作りと、当時ベトナム戦争孤児への募金集めをしていたのでその趣旨を話しますと、大変好意的に受け止めてくださり、「これからは協力しますね」と言ってくださるなどで、次々と顧客が増えていきました。そんなことから、大勢の同業者の中に食い込んでいくことができ、体も強められ、大いに主に感謝いたしました。

ある日妻が「私にも手伝わせてください」と申し出ました。当時長男の聖献は三歳、次男の恵賜は一歳半でした。「それは無理だ。君は大事な子どもたちを主から預かって育てているんだから、育児に専念しなければ」と言うと、「大丈夫です。子どもは一緒に連れていきます。私も一緒に伝道したいのです」と言って引き下がりません。私は内心驚きつつ、その伝道への姿勢と意欲に圧倒されて、これは主の迫りだと判断してＯＫを出したのでした。

妻は、さっそく厚手のベニヤ板を探してきて、のこぎりで切って、さほど広くない一トントラックの運転席に子ども二人分の座席を作りました。子どもたちも喜んで「一緒に行く」と言いだしたのです。こうして運転席に家族四人が乗って、廃品回収の仕事をしていくことになりました。

毎朝八時に家を出て、いたち川沿いの小長谷橋のたもとに車を停めて準備し、祈って出かけます。妻はそれまでにお昼の弁当、子どものおやつ、身の回りのものなど一通りそろえます。その手際よさは見事でした。小さい時から沖縄で祖母との二人暮らしの中で、何でもやりこなす知恵と力が蓄えられていたのです。

一九七三年ころは建築ブームで、あちこちで新興住宅が建ちつつありました。それに伴い大量に出される段ボールは、妻が手際よくまとめてトラックに積み上げました。子どもたちも、新聞や雑誌を一生懸命運んで手伝いました。子どもにお菓子やおもちゃなどを差し入れてくださる方もおられ、なじみの方が日増しに増えていきました。仕事の実績もどんどん上がっていき、四カ月もしたら、五〇人ほどの会社のトップクラスになり、収入は二〇万円近くになりました。牧師給が四、五万円の時でした。それらは経費を除いてみな献金し、主をあがめた次第でした。

私はこの働きを牧師個人の働きとしてだけでなく、教会の働きとしたいと願いました。教会員だけでなく、教会学校の子どもたちも積極的に協力してくれるようになりました。日曜日の朝になると、子どもたちは家々の古新聞を持ってくるので、お風呂屋教会の玄関には新聞が山積みになりました。ある子は、その朝の新聞まで持ってきてしまい、親から叱られたそうです。

こうした協力を通して、子どもたちも霊の眼が開かれ、教会建設に参加するようになっていきました。一九七一年に会堂用地が平和台に与えられていたことを知った彼らは、自分たちで現地に行って祈ってくれたのです。ある年の元日礼拝には、数名の子どもがハァハァと息を弾ませ、ほほを真っ赤にして参加していました。新年の初めに、会堂用地に行って祈ってきたというのです。

子どもたちは、お小遣いを節約しての献金だけでなく、「アイスを食べたつもり」、「バスに乗ったつもり」の「つもり献金」を喜んでささげてくれました。熱心に主に仕えるこのような〝小さな兵士たち〟が蒔いてくれた種、耕してくれた土地に、やがて私たちの教会堂が建つことになるのでした。

牧師のチリ紙交換は霊の壁を打ち破った

話は戻りますが、ある朝いつものようにトラックで出かけようとしていると、いたち川沿いの道を毎日通る方から声を掛けられました。

「毎日毎日お仕事ご苦労様です。大変でしょう。いかがですか。お子さん方を私どもの保育園に預けませんか」

思っても見なかった言葉に、私たちはびっくりしました。あとで知ったのですが、この方は公田保育園・園長の日隈《ひぐま》先生でした。こうして子どもたちを公田保育園に預けることになりました。

それ以来、妻は廃品回収の仕事と伝道に一段と打ち込むことができ、働きが広がり大いに祝されました。出会う方は主婦が多いので、さまざまな悩みごとも、妻には相談しやすいのでしょう。車から流れる讃美歌を聞いて手を挙げてくださる方の中には、以前教会に行っていたが今は行ってない、教会につまずいている、教会を批判しているなどいろいろな人がおられるので、時に仕事そっちのけでお宅に伺って相談事を聞き、祈り、励ましの時を持ちました。

私は一日の仕事が終わって帰宅して、ゆっくりお風呂に入るのが楽しみでした。木の香のする浴槽で、大好きな聖歌四九八番「歌いつつ歩まん」や一六三番「十字架を主イエスの背に」など気持ちよく歌っていたことを、妻は今でも覚えています。昼間の疲れなどどこかに飛んで行ってしまったかのような私の歌声に、妻も台所で唱和しながら夕べの食卓を整えるのでした。

一九七三年の後半から、世界的に第一次オイルショックが始まり、トイレットペーパーが不足し、その原料になる古新聞の値段が急騰したのです。収入もそれに連動して増え、ガソリン代、トイレットペーパー仕入れ費などの経費以外はすべて献金させていただきました。平均して月一〇万円前後、多い月には五〇万円以上おささげすることができました。

不思議なタイミングですが、そんな思いがけない後押しもあって、廃品回収の働きは一段と祝されていきました。それまで私どもの教会は伝道が振るわないことで、伝道団体から教会運営費の五〇%以上を援助されていました。私はまず、この状態から脱却していかなければとの強い思いがありました。廃品回収伝道を始めて一年後には、完全な

幼い恵賜が描いた「チリまみ交換号」

自給教会になっていきました。教勢面でも、一〇〇人台から二〇〇人台へと増えていきました。

　廃品回収のトラックには、教会からも多くの方が同乗してお手伝いしてくださいました。木島正敏先生、冨士昌弘兄、私の父・浅次郎兄等々。中でも、高田福蔵兄（私たちは「高田のおじいちゃん」と呼ばせていただいておりました）は八十歳を超えておられるのに、トラックに乗って手伝ってくださるのでした。ご自分の名刺を作って、新聞を出してくださる方々に配っては、イエス様を証ししておられました。そんな時には、妻は特に心を込めたお弁当を作って私たちを送り出しました。

　廃品回収を始めて二年目の一九七四年ころ、会堂建設のビジョンが与えられ祈りだしました。その頃出会ったネヘミヤ建築研究室の澤本兄に、ビジョンを話し基本設計をお願いしたところ、喜んで引き受けてくださり青写真を描いてくださいました。

　私の中のビジョンは次のようなものでした。一〇〇〇人収容の会堂、教会学校のための一〇〇〇人収容の教育館、それと牧師館です。しかし出来上がった青写真を見ると、当時与えられていた七三坪の土地では狭いことがわかりました。でも、ビジョン第一に考えてさらに祈り続けていくと、隣接地が与えられることになり、一六五坪に拡がったのです。

これには幾多の困難が伴いましたが、銀行から借り入れることができ、一九七七年九月、栄えある献堂を迎えることができました。感謝でした。ちょうどその頃、JR根岸線が開通し、本郷台駅が教会への最寄りの駅となりました。それにちなんで「本郷福音キリスト教会」を「本郷台キリスト教会」に改称しました。

信仰の実を結ばせてくださった主の聖名をあがめるばかりでした。

子どもたちが通うようになった公田保育園では、品澤輝子姉妹との出会いが備えられていました。品澤姉は、新聞を必ず出してくださるだけではなく、さまざまな面で手を差し伸べてくださいました。それで献堂式にご招待したのですが、そのことが、この姉妹の救いにつながっていきました。それ以来、品澤姉が教会のどれだけ多くのところで重荷を担ってくださったか計り知れません。やがてご家族全員が救われ、洗礼を受けられたのでした。品澤姉はさらに多くの友人、知人を教会に導かれました。今は教会のN

PO活動の一つ、社会福祉法人の地域作業所「まってる」の責任の一翼を担ってくださっています。

会堂が完成したことで一つの区切りになり、地域に対して大事な地歩を得ることができました。そして、そこから新たな可能性の道が次々と開かれていったのでした。

たとえば、私は多くのお母さん方と知り合う中で、息子二人がお世話になっていた公田小のPTA会長に推され三年間奉仕させていただきました。その頃は忙しさの真只中だったのですが、主の声であると受け止めて、引き受けさせていただきました。そこから学校関係者、地域の有力者、行政関係者など、さまざまな方々との交流が始まりました。

そのつながりから、会長を降りたあと、自治会長や地域の民生委員としても推薦を頂き、三期九年間奉仕させていただきました。ここでは、他地域の多くの方とも交流ができ、高齢者の問題、貧困家庭の問題等々と関わることになっていき、社会の谷間で苦しむ人々、社会から疎んじられている人々、人に知られたくない問題を背負っている人々のことを知ったのです。そこから、やがて地域に仕える教会としての道筋ができていきました。保育園開設や、一人暮らしのお年寄りのための給食などです。

児童伝道にも力を入れるため、初めからチャペルと同じ広さの教育館を備えました。それを地域の皆さんの交流の場として開放しました。駐車場と上の土地を使ってバザーを開催し、会堂では映画上映、教育館では食べ物を提供しました。当日は大賑わいになりました。さらに、折に触れて映画会、子ども会、クリスマス会等を開催しました。

その後、お母さん方から、図書館として使わせてほしいという申し出がありました。やがて近くに市立栄図書館ができるまで、毎週火曜日の午後は、教育館が地域の母子による自主運営の図書館として用いられました。

廃品回収では、段ボールや古布なども回収していましたが、徐々に古新聞回収だけに絞り、平和台子ども会の古新聞回収は最後まで続けました。結局一九七三年から一九九一年まで一八年間続けさせていただいたのでした。いつも皆さんの祈りに支えられ、一度も体を壊すことがなく、事故や怪我からも守られました。週五日、一～二トンもの古紙を集め、積み下ろしするという重労働によって、きゃしゃだった体は鍛えられて頑健になりました。主の御手の守りに他なりません。

「私の思いをはるかに超えた忙しさでしたが、確かに主ご自身が前を歩んでくださったのです。険しく見えた山も一つひとつ平らにされ、主が宣教地の土台を固く据えておら

れるのを見せていただきました」（登喜子）

その間、どれだけ多くのクリスチャンの方々と出会ったことでしょう。どれだけ多くの協力者に出会い、助けていただいたことでしょう。献堂式には、それらの方々に表彰状を差し上げました。やがてどれだけ多くの方々が教会につながり、クリスチャンになり、働き人になり、教会を支えてくださったことでしょう。

その歳月を振り返るたびに、私はしみじみと思わされてなりません。「廃品回収は最強の伝道の武器でした」と。

「私はすべてのことを、福音のためにしています。それは、私も福音の恵みをともに受ける者となるためなのです。」（Ⅰコリント　九・二三）

レザークラフトとともに

一九七七年九月、新会堂・平和台チャペルが完成して、教会として自前の土地・建物を持つことができたことは大きな感謝であり、励みとなりました。この地域に住む皆さんに仕えていくための、大事な拠点ができたのです。これからどんな働きができるのか、教会員たちでよく祈り、話し合い、取り組みました。高台にある平和台チャペルからまわりを見渡す時、視野が大きく広がっていきます。

当初の予定よりも土地を広げることができたので、会堂建設規模も大きくなりました。それによって膨らんだ銀行借入金返済のために、信徒の中から献身的に奉仕してくださる方たちが起こされ、電話帳配達、内職の請負、バザー開催などさまざまな仕事に取り組んでいきました。私たち夫婦も、引き続き廃品回収を続けました。

高田福蔵兄が、夏の暑い中、汗だくになって近所の家の草取りをして、頂いた日当を手に握って教会に来られ、「先生、献げます」と言われたときには、私ども夫婦は感動で涙が出ました。忘れることのできない思い出です。

私はそれを見て主人に「私ももっと何かしたい」と言いました。二児の子育て、伝道・牧会、さらに主人と一緒にトラックに乗って廃品回収を手伝う日々でしたが。主人は「君は一分の隙もないほど忙しい。もう限度まで精いっぱいやっているんだから、これ以上時間が取れないだろう。無理しないようにね」と言いました。

そんなある日、高田福蔵兄のご長男の奥様・泰子さんから、思いがけず「レザークラフトを一緒にやりませんか」とのお誘いを受けたのでした。私も何かで主のために役立ちたかったし、近所の人たちとのつながりを作るきっかけにもなるので、主人に「どうしてもやらせてほしい」と頼みました。主人は、私の意志の固さに負けて、それならばと承諾してくれました。

私は週一回、金曜日の午前をレザークラフトに当てていました。やってみたらとても楽しいし、上手に作ればきっと主のために役立つと思いました。

講師の鈴木先生は「池田さんは手先が器用で熱心なので、ほかの生徒さんたちも驚くほど上達が早い」と言ってくださいました。二年余りたった時には、鈴木先生から「もう、どこに出しても大丈夫」とのお墨付きをいただくことができたのです。

そこで、作品をできるだけ多く作って沖縄に持っていき、教会関係者の皆さんに、会堂借入金返済のために買っていただきたいとの願いが起こされ、本格的に取り組みはじめました。鈴木先生も積極的にご協力くださり、皮の端切れをいただいたり、破格の安値で皮を手に入れることもできました。毎晩、家事や奉仕が終わった後に、コツコツと作り続けていきました。なかなか根気のいる作業で集中力も必要でしたが、主に守られ、不思議なほどスムーズに作品が完成していったのでした。

十一月に入り、目標としていた段ボール一箱分の作品が出来上がりました。財布、札入れ、小銭入れ、小物入れ、眼鏡ケース、ベルト、ハンドバッグ、スリッパなどです。私の取り組みを知って、教会の婦人たちが中心になって協力してくださり、祈りの輪も広がりました。森兄弟は、ご自身で描いた絵画やみことばを書いた色紙などをたくさん献げてくださり、一緒に持っていくことができました。

事前に、私の母教会・沖縄中央教会に訪問の趣旨を伝えて、承諾を取り付けました。母教会ではいくつもの教会に連絡して、証しの場を設定してくださいました。天久神の教会、国場教会、名護教会の各礼拝と祈禱会等です。

一九七七年十一月二十二日、皆さんの祈りの中、横浜を発ち沖縄に向かいました。沖縄では、母教会の皆さんが受け入れ態勢を整えて、喜んで迎えてくださいました。久しぶりの訪問なので、皆さんが朝から夜遅くまで教会を訪ねてくださったり、こちらから訪問して交わりを持つなどで、滞在中は休む時もないほど目まぐるしく動き回りました。沖縄福音連盟主催の青年大会でも証しの場が与えられました。予定外の方たちとも出会うことができ、多くの教会訪問の機会も与えられ、多大な協力を得ることができました。隙間のない動きの中、健康も支えられて、持っていった作品は完売となりました。

こうして、十二月二日予定どおり横浜に戻りました。留守の間、主人と子どもたちのために、教会の婦人たちが食事を届けてくださり、また祈ってくださいました。おかげで、私は安心して家を空けることができたのでした。

沖縄では、作品をお買い上げいただいただけでなく、会堂建設返済金のためにと、多くの方々が献金を献げてくださったので、予想をはるかに上回る五〇万一、〇〇〇円を主に献げることができ、教会員一同、主の御名をあがめることができました。

中高生会に現れた神のみわざ

池田　博

妻は沖縄にいたころ、神山本慎牧師をはじめ、アメリカ人宣教師や児童伝道者から訓練を受け、彼らとともに児童伝道を実践してきました。

結婚後、それらの経験が横浜での開拓伝道に生かされました。教会学校に力を入れていった時、子どもたちは素直に応えて次々と導かれていきました。人数も一〇人台から二〇人、三〇人へと着々と増えていき、大いに活気づいていきました。

さらに妻は、少し成長した子ども向けに子ども聖書研究会を始めました。みんなが熱心に集まりだして五〇人を超え、会堂は満杯状態になりました。それで会堂から歩いて五分の所にある牧師館の六畳の部屋なども開放して使い、ウィークデーにも子ども集会を始めました。

家での子ども聖書研究会の時は、私が子守り役として聖献と恵賜を外に連れだして遊ばせていました。息子たちには、「今、お母さんは大事なイエス様のお仕事をしているのだから、祈ろうね」と言うと、二人とも「分かった」と言って、一緒に手を合わせて祈ったものでした。

教会学校の子どもたちが小学生から中学生になった頃、家内は彼らへの霊的指導を一層深めていきました。子どもたち一人ひとりに与えられている賜物を的確に見抜き、みんなが賜物に目覚めることができるように導いていったのです。その結果、たとえば楽器で主に仕えていきたい、スポーツで証ししていきたい、幼稚園の先生や学校の先生になって神様に仕えていきたい、教会学校の先生になりたい等々、将来の夢、ビジョンを活き活きと語るようになって、みんなの心が燃やされていきました。後日、実際に宣教師として献身した者、牧師夫人になった者、伝道師になった者等々が起こされました。

妻はその頃、だれ言うとはなしに「お師匠」と呼ばれ慕われていました。子どもたちへの愛のこもった指導が生んだ言葉だったのでしょう。

その後、千葉明徳先生に来ていただいて中・高生への伝道集会をしました。教会学校に来ていた中・高生は真剣に祈って取り組み、よく伝道したので、当日は一〇〇人近く集まり、入りきれない子どもが会堂の外にも溢れていました。一同が千葉先生のメッセージと招きに圧倒され、大きな涙の悔い改めとなって心が一新されました。多くの子どもたちに聖霊が注がれ、文字どおりリバイバルを思わせる集会となったのでした。

川口尚美（現・平野）姉妹は高校三年生の時、洗礼を受ける決心に導かれました。しかしご両親は猛反対でした。でも、川口姉妹の受洗への決心は揺るぎませんでした。洗礼式の朝、ふと窓の外を見ると、ご両親が教会に向かって歩いてくるではありませんか。そして牧師室で「うちの娘に洗礼を授けないでください！」と、断固とした口調で言われたのです。

礼拝が始まって、私は講壇からメッセージをしながら、牧師室でご両親に「どうして、どうして洗礼を受けさせてくれないの！」と泣きながら訴えている川口姉妹の声に、心がすごく疼いたことが今も忘れられません。ご両親は娘に「お前は、はしかにかかっているのだ。早く正気になりなさい」と言ったそうです。しかし彼女は「私は正気だし、はしかなんかじゃない！」と言い続けました。お父さんは「そんなに言うのなら、成人したら洗礼を受けてもいいよ」と言い残して帰られました。

川口姉妹は、ご両親の強固な反対姿勢にショックを受けて気力を失い、その日から一週間学校に行けなくなってしまったのです。さすがにお父さんも心配になって会社を一日休み、川口姉妹を連れ出して横浜の山下公園を散策したり、昼食をごちそうしたりしました。これという会話はなかったけれど、お父さんの愛を受け止めた川口姉妹は、翌週から学校に通いだしました。

後日調べたら、川口姉妹が二十歳を迎える七月二十六日は何と日曜日でした。主の確かなご計画を実感した彼女は、飛び上がって喜びました。その後、体育大学に入学し憧れの体育の先生になる道に導かれました。そして二十歳の誕生日となった日曜日に、堂々と洗礼を受けたのでした。涙と感動の洗礼式で、いまだに忘れることができません。

川口姉妹の中に蒔かれた「いのちの種」は、幾重にも祝され成長していきました。一九九〇年には高校の体育教師を辞して、教会専任職員第一号として献身に導かれました。当時、教会活動が一段と活発化するのに伴い、専任職員が必要になったのです。一九九三年には結婚に導かれ、三児を育てつつ教会の働きに携わっていきました。その後も、この姉妹を通して与えられていった祝福ははかり知れず、ここには書ききれないほどです。

開拓伝道からしばらくの間、私共の通称〝お風呂屋教会〟は、建物は古くおおよそ教会らしくありませんでした。

しかしそこで、あの頃救われた子どもたちに現れたリバイバルの数々のみわざ……。それはまさに主のいのち、主の息吹そのものでした。教会をおおったご聖霊の波、うねりの中でみんなが熱く燃やされたのでした。

主は、こうして開拓伝道の時代に、のちのち教会の中核を担う大事な器たちを生みだし、育て、献身へと導き、本郷台キリスト教会の礎石をしっかり築いてくださったのです。

登喜子先生の祈りと笑顔に支えられて

木島浩子

私が日曜学校に通いだした頃の教会堂は、三軒長屋の真ん中を間借りした畳敷きの八畳間で、イメージしていたキリスト教会とは程遠いものでした。その部屋の奥から「よく来たね！」という明るい声とともに一人の小柄な女性が出迎えてくれました。それが登喜子先生でした。何という笑顔！　左右の脚の長さに差があるため肩が揺れるのですが、それがワルツのステップを踏んで踊っているかのように見えました。体の中から喜びが表れていたからでしょう。

日曜学校に来ていた子どもたちは、学校帰りに時々会堂掃除を担当することになっていました。畳や上がり框《がまち》を雑巾がけするだけでしたが、終わってから牧師宅まで報告に行くと、登喜子先生は「ありがとう。ご苦労さま」と言ってねぎらってくださり、棚や茶箪笥を探して、ありったけの食べ物でもてなしてくださるのでした。先生が微笑んで、

「さあ、いただきましょう。イエス様ありがとうございまぁす！」と言って始まるお茶のひとときは、どこに招かれるより豊かで、気持ちが弾みました。

ある日、いつものようにお宅に行くと、コタツの上に、ちょっと豪華な袋入りのドーナツがありました。このおやつが、息子さんたちの帰りを待っていることは小学生の私にもわかるので、一生懸命視線をそらせていると、先生は面白そうに、「見てごらん。ここにアメリカンドーナツって書いてあるのよ。アメリカンってどんなだろうね？　ちょっと味見してみようよ」と言いながら一つをとり出して、「わぁ！　柔らかいよ！」と手渡してくださるのです。家計より何より、教会の子どもたちが主の宴に招かれずに帰ることのほうが、先生にとっては一大事なのでした。

後年、私が酷寒の宣教地で集会所を掃除している時も、「イエス様ありがとうございまぁす！」との先生の一声で始まる慰労のひとときをよく思い出しました。どこにいても愛の記憶は温かく、奉仕の原動力となったのです。

クリスマス会には先生と神学生とで計画した創作劇やゲームを楽しみました。聖書の悲話を演じる子に、先生が「ほら、もっと哀れな声を出してごらん！」と焚きつけるので却って笑ってしまったり、クイズ出題者の先生が、うっかり答えまで洩らしてしまったので神学生が頭を抱えたり、あんなに面白くて温かいクリスマス会は体験したことがありません。

先生を通して聴いたクリスマスメッセージには、神の霊が沁み通るような感動がありました。「今日ダビデの町で」と語りだした瞬間、二千年前の真実が心に飛び込んできました。「あなたがたのために救い主が」と語られた時には、喜びがこころの内を駆け巡り、私もこの知らせを携えていく者になりたいと強く願いました。

クリスマスの最後にはもう一つのお楽しみ、授賞式がありました。その年、日曜学校に休まず通った生徒にはご褒美が贈られるのです。皆勤賞は仲良しのS子ちゃんとM子ちゃんでしたが、プレゼントは三人分用意され、私の名前も呼ばれました。「浩子ちゃん何度も寝坊して休んだじゃない。間違いなんだから、そう言ってきなさいよ」と他の二人に囁かれ、仕方なく受賞辞退に行った私に、先生は「そうだっけ？」と言うだけで取り合いません。そして「じゃあ来年お休みしなければいいよ。皆勤賞の前渡しね」と、リボンのついた包みを押し返してくださいました。開けると、綺麗な飾り皿が入っています。羊を抱くイエス様の絵と、「良い羊飼いは羊のためにいのちを捨てる」との聖句が書かれたその宝物は、自室に掛け、やがて家庭を持っても部屋に掛けました。

宣教地の教会でも掲げていると、大人も子どもも親しみ深い羊飼いの絵に見入り、識字率が低い国で救い主を伝える何よりの視覚教材となりました。「前渡し」の皆勤賞は、その教会で今でも大切に飾られていることでしょう。


先生に出会った人が一人残らず魅了されるのはその笑顔です。内なる光がこぼれ出るような明るさに、初対面の人もたちまち心を開き、だれにも打ち明けられなかった身の上を語り出します。話を聴く間は深い同情の涙に濡れても、ともに祈り終わるとまた輝き出し、(この先生に、どうしてもまた会いたい)と思わずにいられない笑顔です。教会創立以来五〇年余、奉仕者を奮い立たせ、病人を安心させ、反対者の怒りを和らげて教会を祝福してきたのは、ほかでもないこの〝小さな巨人〟——登喜子先生の飾らない笑顔だったと思います。

先生の笑顔は祈りから生まれます。

それはだれもが知っている秘密です。「面談の祝福は、実際に会っている時間に与えられるのではありません。前もっての祈りが奇蹟の時間をつくるの」と先生は言われます。祈って祈って、相手がすでに神の手の中にあることを確信すると、そこには勝利の徴、特有の笑顔が現れます。筋の通った優れた助言をいただけるのはもちろんですが、先生が祈ってくださっている――それこそが牧会の恵みなのです。

二年間の神学コース、一年間の訓練コースと、すべて母教会で教育を受けた私は、いつも先生の祈る姿を見ました。早朝四時台から讃美とともに祈る姿、教会の窮地には悶えるように主にすがる姿、常識では不可能なことにも、みことばの約束以外には目を留めず、膝を屈めて祈りに祈る姿です。それは、五〇年経つ今も少しも変わりません。毎朝の祈り会には日の出のように、徹夜祈禱の時には熾火《おきび》のように、迷う人には灯台のように、教会に在って、一人ひとりの心にキリストを点していくために召された神の器です。

主はモーセに対する時と同様に、ご自身のみこころを登喜子先生に打ち明けずにはおかない、とお考えなのでしょう。先生は、主との会話の中で隠された過去、現在の選択、未来の計画を知らされるのです。それを主任牧師の池田先生は、「こちらが気づかないことも『グサッと』祈ってくる」と表現します。

ある時私は、恋慕う相手からプロポーズされ、有頂天で先生に報告したら「もう一度祈ってごらん」とだけ言われ、先生の祈りを信頼しているだけにすごく苦悩したこともあります。（神様、もし私がこのまま突き進んで結婚したらどうなりますか。先生が祈りのなかで聴いたことを、どうぞ私にも教えてください）と必死に祈って、本当の答えにたどり着きました。かけがえのない経験でした。

私の妹が乳癌のステージ4と判ったとき、先生は、「三日連続して夜中に起こされたのよ、妹さんの夢を見て」とおっしゃって、すでに祈りの座に届いていたメッセージを語られました。それから天に召されるまでの半年間、妹と私の時間は、先生の見た夢のとおり神の手に覆われ、祈りは眠りの奥にまで、天と地の境目にまで沁み通るのだと知りました。

先生の祈りのエピソードは、思い出すだけでも何冊もの本になるでしょう。私の知らない、人の思いが及ばない領域にこそ、祈りが満ちていることを今日も教えられています。

先生の牧会は声高に言い聞かせるものではなく、いつも匂い立つものです。それは装いにも表れています。シックなブラウス、ロングスカート、講壇の奉仕にはジャケット、そして博先生からのプレゼントなのでしょう、ご夫妻で桜の名所に行かれた後にはパールピンクのペンダント、イスラエル旅行後にはエキゾチックなグリーンのネックレス、北海道からはアイヌの伝統模様の十字架など、別段お洒落しているというのではないのに何かドラマチックで、まるで先生のためにデザインされたかのように映るのです。今日はどんなに素晴らしい日になるだろうか、何を主にささげられるだろうか、というキリストの喜びを着ておられるからなのでしょう。

時に胸元が露わなシャツや色とりどりの髪、ダメージ加工のジーンズなどで講壇のご奉仕に立つ人がいても意に介さず、その人の後ろに神が立つのを見、全身全霊で主をあがめています。初めて人前で話す訓練生は、先生の食い入るような傾聴を支えとし、終始先生一人だけに向けて語ってしまうということもしばしばです。先生がそこに座しておられるかどうかは、その日の集会に確かに影響するのです。

地図上の道では、走ることも車のハンドルを握ることもない先生ですが、愛の道を馳せる時はいつも光の速度です。ある時、「知り合いの牧師夫人にお会いしたら、ご苦労続きで前歯が抜けてしまっていたの」と、涙ながらに報告なさったことがありました。

聞いた私たちがしたのは同情だけでしたが、先生はその日のうちに高額な治療費を献金し、「私なんか、歯が欠けたらすぐ歯医者さんに行けるのに。申し訳なかった」とおっしゃって、また涙を流すのです。

そのように躊躇ない情熱は、病気の母親のところから赤ちゃんを連れ帰って育てたり、一つの家庭の生活費を何年もそっくり援助することに注がれました。ジャンクフードを食べている若者を見るやいなや、サラダを作って側に置き、真夏の奉仕者には大きな西瓜、アドベントの夕方にはピザの宅配、孤軍奮闘する人には炊き込みご飯のおにぎりを届けるといったように。

私が「主の山に備えあり」という信仰を持てたのは、与えてもなお豊かで、生活費の十分の九をささげても「ああ感謝」と満ち足りる先生を見てきたからです。今でも私が病欠すると、「好きなチョコレートの銘柄と会社名を教えて。食べたいものを言って。◯◯のハンバーガー？　◯◯のフライドチキンなどは？～～登喜子」と、愛のメールが矢のように送られてきて、その矢が刺さったところから祈りと滋養が流れ込むのです。

面談の時、私の話を聴いて、先生は繰り返して言われました。

「あなたと私は一つだと思っている」

そのひとことで、屈折していた私の思考はまっすぐに築きなおされ、悩みは感謝の祈りへと変えられて流れ出ました。「一つ心で」とはよく耳にする言葉ですが、先生は、相手の悩みの中に飛び込み、相手の痛みを痛み、すぐさま重荷を担ぎ始めるのです。

ご自分の睡眠を削ってでも面談時間を腐心し、「会いましょう」と言ってくださる先生を見ていると、「良きサマリヤ人」とは、倒れた人を見て、辛いだろうとか大変だろうと想像する人ではない。自分が苦しくなり、回復せずには先に行けない先生のような人なのだと教えられるのです。

本郷台キリスト教会の第一礼拝は朝七時です。奉仕者は六時に準備を始めますが、チャペルには既に着席して祈っている先生の姿があり、襟をただされるような主日の空気が漲っています。

まだ会堂が畳敷きの八畳間だった頃、ジュニアクラスの尚美さん（愛称・オミ）と私は中学校の運動部に属していて、日曜日は礼拝か試合かの二者択一を迫られていました。教会生活をとれば部活を辞めなければなりません。悩む私たちに、先生は「日曜日は主の日。まず主を礼拝しよう」とおっしゃって、まず礼拝をささげてから試合に行けるように備えてくださいました。七時に試合と言えば六時に、六時に登校と言えば五時半にと、子どもたちの都合に合わせて教会の鍵を開け、ショートメッセージを語り、ともに献金し、祈って送り出してくださったのでした。たった二人、三人の、あの礼拝の空気――。四〇年以上同じ主日の空気に襟をただされ、主を第一にしよう、と祈る先生に牧された私たちでした。

高校生の時、オミと私は主への献身を願い、彼女は「主のために部活をやめたい。でも自分から部活をとったら何が残るのだろうと思うんです」と先生に相談に行きました。すると「あなたの、スポーツが好きだ、という心も神様がくださったものだから、大切にしてそのまま進んでいいんだよ」と励まされて大喜び。

ところが私が相談に行くと、「よく部活を辞める決心をしたね」と、聖歌五二一番「キリストにはかえられません」を涙ながらに歌い祈ってくださるのです。（どうしてオミは部活オーケーで、私は「世の楽しみよ、去れ」なの!?）と納得がいかず苦しんだのですが、現在、オミこと平野尚美先生は、スポーツの経験を糧にチャーチスクールと学童保育で献身。私は運動をやめて別の道を歩んだからこそ、伝道の働きに導かれました。若い日に造り主をおぼえ、主を第一とする人生は幸福です。

今日教会では、スポーツを通してイエス・キリストを伝える働きも盛んになり、主日礼拝は、サッカーグラウンドでも卓球場でも競技場でもささげられるようになりました。

「日曜日は主の日。まず主を礼拝しよう」

この先生の信仰と祈りは、孫のようなアスリートたちにも流れています。

（きじま・ひろこ　本郷台キリスト教会伝道師）

ひたすら的に向かって——中高時代からの恵みの歩み

平野尚美

私が上級生に誘われて教会学校に行ったのは、小学四年生の頃でした。登喜子先生から初めて聞く聖書のお話は心に残り、みんなで歌う讃美歌も楽しかったです。それ以来、教会に行くことが楽しみになり、毎週日曜日になるとほとんど休まず通いました。教会学校は二〇人、三〇人へと着実に増えていきました。

中学生になると、教会学校の開始時間と中学校のバスケット部の朝練（早朝練習）とが重なってしまいました。私は困ってしまい、登喜子先生に相談したのでした。

「私は大好きなバスケもしたいけれど、教会学校も休みたくないんです。どうしたらいいんでしょうか」

そこで二人で祈りました。「それなら、朝練の前に早朝の教会学校を始めましょう」とおっしゃる登喜子先生の柔軟な対応のおかげで、この問題は一挙に解決しました。私はうれしさのあまり「ヤッター！」と言って思わず飛び上がってしまいました。

　夏休みのバイブルキャンプには、中学の三年間毎年参加し、中一の時に参加したバイブルキャンプで信仰の決心をしました。心の王座に神様をお迎えし、それまでの的外れな生き方から方向転換し、的に向かって主とともに生きていきたいと、心から願ったのでした。それ以来、登喜子先生に教えられたとおりに、デボーション（祈りとみ言葉）、礼拝、証し（伝道）を大切にしようと思い、素直に実行していきました。

　中二、中三のころは、朝早く登校して、信仰の友とみ言葉を分かち合い、祈りの時間を持つことを続けていきました。そんな私たちの姿を見て、同級生の中から、何人もがバイブルキャンプに参加したり、教会学校に通うようになりました。授業の休み時間になると、お互いに「このみ言葉の意味が分からない」とか「このみ言葉に励まされた」といった会話を、当たり前のように交わすことができたのです。担任の先生を教会に誘った友達もいました。その先生は少し戸惑っていたようでしたが。それほどまでに、クラスの中に主を求める勢いがありました。

　教会学校の先輩たちもとても熱心で、教会学校には毎週大勢の中学生が集まりました。私が通っていたH中だけでなく、同じ市内のK中からもたくさんの中学生が集まっていました。

中三になると、礼拝後、牧師宅で登喜子先生の指導の下、分級に参加できるのです。私は早く中三になって、この分級に参加したいとあこがれていました。いよいよ中三になって参加した分級は、中三の仲間でいっぱいでした。

讃美で始まり、生活の中で体験したいろいろなことを分かち合い祈り合う、おやつ付きの特別な時間です。まったく期待どおりで充実していました。こうして私の信仰の土台は築かれ養われていきました。

神様は私を特別に愛してくださっている――。この事実が、牧師先生ご夫妻の広くて大きな愛の中で、また友達同士で信仰を高めあう中で確信となっていったのでした。

高校生になって、再び部活と礼拝出席の両立に悩み、苦しいけれども部活をやめようと決断した時、登喜子先生は両立できるようにと祈り励まし、ご配慮くださいました。それによって、私の信仰は決して折れることなく、強められていきました。

高校でも、もっと主を伝えていきたいと思い、友人と校内で「聖書研究会」という同好会を発足させることにしました。先輩たちも賛同してくれて、クリスチャンの先生に顧問になっていただいて活動がスタートしました。文化祭では研究発表（掲示）をしたり、トラクトや証し文集を配ったり、部活の仲間を教会に誘うなどで伝道していきました。教会では、中高生のための特別伝道集会を計画しました。その準備のために放課後仲間が集まって、プログラムを考えたり、講師の先生を決めるために心を合わせて祈りました。集会にはみんながそれぞれ友達を誘ってきたので、当日はたくさんの高校生が伝道メッセージを聞くことができました。

池田先生ご夫妻は、コリント人への手紙第一の一三章に書かれているとおりの神の愛をいつも注いでくださいました。私はその温かいご指導と、以下のみ言葉によって養われ育てられたのでした。

あなたの若い日に、あなたの創造者を覚えよ。（伝道者の書　一二・一a）

信仰の創始者であり完成者であるイエスから、目を離さないでいなさい。

（ヘブル人への手紙　一二・二a）

安息日を覚えて、これを聖なる日とせよ。（出エジプト記　二〇・八）

神の国とその義とをまず第一に求めなさい。（マタイの福音書　六・三三）

堅く立って動かされず、いつも全力を注いで主のわざに励みなさい。

（コリント人への手紙第一　一五・五八）

主はその愛する者を訓練し……　（ヘブル人への手紙　一二・六a）

神は真実な方です。あなたがたを耐えられない試練にあわせることはなさいません。むしろ、耐えられるように、試練とともに脱出の道も備えていてくださいます。

（コリント人への手紙第一　一〇・一三b）

これらのみ言葉は、いつも私の心の中を流れ、私を支え、励まし、導いてくれました。子どものころ教会学校で過ごした日々を振り返るたびに、神様によって成長させていただいたことを感謝しています。

教会では「主とともに歩む」を目標に掲げて、五か年計画（一九九〇年～九四年）が策定されました。それに合わせて私自身のビジョンも五か年計画として掲げ、実現をめざして祈っていきました。そのビジョンの一つが「結婚」でした。

一九九〇年には、六年間勤めた高校の体育教師を辞して、教会の専属スタッフとして献身するように導かれました。五か年計画の四年目の一九九三年に、神様は平野修一兄との結婚に導いてくださいました。あれから二八年たちますが、今も私は夫を心から尊敬しています。私の足りない面をことごとく補って、理解し協力してくれるのです。娘三人の、かけがえのない父親でもあります。

夫は四二年間大学の事務局に勤めました。職場で大きな岐路に立たされた時、牧師先生方に祈っていただくと同時に、夫と私は教会の講壇の前に出て、第二列王記一九・一四〜一九節を読み上げ、問題を主に申し上げ、夜遅くまで真剣に祈りぬきました。そこでついに生ける主を体験したのです。この時の導きを通して、お互いの信仰が揺るぎないものになり、その後の歩みを確かなものにさせていただいたのでした。

夫は二〇一九年に退職した後、教会で事務担当の責任を負って仕えています。

長女光衣《みつい》は大学卒業後、教会の「のあインターナショナルスクール」で教えています。主は本当に時にかなった麗しいことをなさるお方であることを実感して、聖名をあがめています。

登喜子先生は、次のように語ってくださいました。

「光衣姉妹は、主に献身した働き人として、優しい心配りのできる多才な先生として、生徒たちに大変慕われています。

次女の有葉《ありは》姉妹と三女の紫星《はつほ》姉妹は、主に仕えることを目標に、大学での学びを進めておられます。

小学生のころからイエス様とともに歩み続けた尚美姉妹。やがて結婚へと導かれ、三児が与えられ、今や一家五人の一人ひとりが主に仕えておられるのです。このようにして、一人から始まった祝福が次々と増し加わっていく平野家の姿は、そのままで主への讃美を表していると言わずにはいられません。ハレルヤ！」

（ひらの・なおみ　本郷台キリスト教会・のあインターナショナルスクール主任教師）

祈りが突破口を開く

池田　博

献堂後四年ほどは、礼拝出席者は順調に伸び続けていきました。ところがさらに四年たつと、流れが変わり始めて下り続けていきました。こういう停滞期には、予期しない揺さぶり、軋轢が起こるものです。それは、牧師に対する主の新たなお取り扱いの始まりでもありました。

ある日、一人の教会役員から突然「話し合いの時を持ちたいのですが」との電話をいただいたので、指定された日にそのお宅に伺いました。驚いたことに、そこには役員全員が集まっていました。役員として、牧師にさまざまな信仰のことを聞きただしたい、というわけで呼び出されたのでした。

皆さんの質問は、牧師の教会観、牧会的・神学的な姿勢、所属教団の立場等々に及びました。私は指摘されたことについて、一つひとつ丁寧にお答えして、納得していただきました。確かに教会には、正されなければならない点がいろいろあったからです。しかしある段階から見解の相違が大きくなっていきました。

私は聞きながら、心中穏やかではありませんでした。皆さんの質問は筋が通っているように思えました。でも、その底にあるのは、非難や不満などの否定的な感情だけではないかと思えたのです。私は、毎日廃品回収をしながら身を粉にして牧会しているのに、皆さんは何が不満なのだろうと思いました。

心がかたくなになってしまうと、建徳的な話し合いはできません。私は、この話はそのまま受け入れてはならない、どこかで抑えて打ち切らなければと思ったのです。

しかしまさにその時、天からの細いみ声が心に響きました。

「黙って聞きなさい。すべて心に留めなさい。そして主の前に出て祈るのです」

それで私は、高ぶる感情を抑えておもむろに言いました。

「皆さんの気持ちはわかりました。このことは、主の前にしばらく祈って答えをいただいてからご返事いたします」

帰宅した私の心は波立っていました。妻には何も言わず「今晩からしばらく、礼拝堂の講壇で泊まり込んで祈るから」と言って、夕食がすんだあと毛布をもって講壇に行きました。妻も、夜の時間は主の前で祈ってくれたようです。

私はしばらく冷静になれず、ああ言えばよかった、こう言えばよかったとの思いで、波立つ感情を収めることができませんでした。一週間たち、ようやく心が落ち着いてきたころ、自分自身に光が当てられてきたのです。そして、次のような主の諭しを聞くことができました。

「信徒たちは、礼拝で牧師の指導を受けていたかもしれない。しかしあなたは、一人ひとりの魂に届くことはできていなかった。だからだれもが霊的に養われておらず、飢え渇いていたのだ」

（確かにそうだ。私はこれまで、廃品回収に時間と労力の多くを取られていた。彼らは、そんな私に必死でついてきてくれた。自分が先頭に立って進んでいけば、羊たちはついてくると思っていた。しかし真に養われていない飢えた羊たちは、当然牧草を求めて羊飼いに押し迫るのだ……）

その魂の叫びに初めて気づかされた私は、涙の悔い改めに導かれて、主の前に悔いくずおれたのでした。

一〇日目の朝、私は晴れやかな顔をして家庭に戻ってきました。その晩、長老格の役員が訪ねてきました。彼は「先日は、私が間に立って役員全体を収められず、先生につらい思いをさせてしまいました。申し訳ありません」とお詫びするのでした。私は「とんでもない。私は、信徒の皆さんを霊的に養い切れていませんでした。祈りの中でそれがはっきり示されました。私こそお詫びしなければなりません」と言い、お互いに手を取り合って悔い改めの祈りをささげたのでした。

こうして主は私の心を探り、足りない部分に一つひとつ光を当てて牧者として建て上げようとしてくださいました。このような経験を通されなければ、私は独りよがりな牧師になっていたでしょう。祈るしかない状況に追い込まれて切に祈る時、牧会姿勢が大きく正され、そこから新しい突破口が開かれ、予期しない祝福を体験しました。

私自身はもともと祈りに熱心とは言えず、ほどほどの祈り、お決まりの祈りで済ませていたものでした。しかし、教会が大きな問題に何度も直面するたびに、いやおうなしに祈りに追い込まれたのでした。

そんな私に、主は祈りの最高のパートナーとして妻を備えてくださいました。妻は、いつも私の背後で祈って支えてくれます。それが大きな励ましとなり支えとなって、私自身が祈る者へと変えられていったのでした。主が大事な場面に彼女を置いてくださっているのがはっきりとわかります。妻の、神を信頼しぬく透徹した姿勢、真剣な祈りの姿勢に触れて、私自身が変えられ、成長することができました。祈りの力は宣教の推進力であることを実感しました。祈りによって、より多くの人々に仕えることができるのも、神様の深いご計画に定められたことでした。

一九九〇年に妻は教会の伝道師という役割を仰せつかりました。

この年から教会成長五ヶ年計画がスタート。五年間で礼拝出席人数を二倍以上に、教会のセルグループ化、信徒教育の充実などいくつもの目標が掲げられました。達成のための土台は祈りですから、増築した教会には祈禱室が誕生し、とりなしのための祈禱献身者が何人も起こされました。生きた祈りの証しや信仰による勝利の体験談が続出し、皆さんがそれらを聞くことで信仰が成長していきました。

私自身も、一九九四年と一九九五年に開催された「祈りのセミナー」（いのちのことば社主催）で講師をさせていただきました。この時のメッセージが『祈りは私を変え、教会を変える』と題して出版されたことも感謝でした。

だれも閉じることができない門

池田　博

主から託された群れの一人ひとりが、主が望んでおられる霊の高さに引き上げられるには、まず私自身が霊的に砕かれ、整えられなければいけない。そう思って主に祈り求め始めました。主は、私に言い知れない平安と恵みを注ぎつつ、さらなる道を開こうとしておられたのです。

しばらくすると、一週間断食して集中的に祈りたい、熱い祈りの空間と聖霊の豊かな臨在の中で、信仰の高みに身を置きたい、という強い願いが起こってきました。そのために韓国の祈禱院での実践を主から強く迫られたのでした。私の言葉の背後に、強い決意と緊張を感じた妻は、「ぜひ行ってきてください。背後で祈っています」と言ってくれました。

私はこの要望を役員会に提出し、皆さんの賛同を経て出発準備に取りかかりました。

すると、ある信徒が「旅費や滞在費をすべて負担させてください」と申し出てくださいました。費用のことは、実は私の大きな祈りの課題の一つでした。主はその必要をご存じで、きちんと満たしてくださったのでした。私も妻も感謝いっぱいで主をあがめ、そのご家族の祝福を祈り続けました。

ところが、出発日程が決まったころ、今度は思わぬ事態が飛び込んできたのです。ある日の夕方、見知らぬ中年男性が教会を訪ねてきました。私は面談を通して、住むところがないというその人を、教会で受け入れるように主から迫られたのでした。その人は祈禱室で寝泊まりしながら忠実に仕え、廃品回収の仕事にも毎日一緒に行くようになりました。

そんな中で、韓国行きの日がやってきました。一週間の断食ですから、八日間家を留守にすることになります。妻と、小学二年生と三年生という幼い息子二人を残して。同じ建物の祈禱室には、身元がはっきりしない男性が泊まっているのです。私はそのことで大いに迷ったのでした。韓国行きを取りやめるべきか、この男性に教会を離れてもらうべきか――。

これは私にとって、思いがけず飛び込んできた危機的試練でした。「主よ。なぜ、今なのですか」と訴えずにはいられませんでした。その時、妻はきっぱり決断して言いました。「私は信仰に立ちます。あなたは予定どおり韓国に行ってきてください」

あとで分かったのですが、この男性は、実は大変な前科者でした。主は私の家族を守ってくださり、私は八日目に予定どおり帰国しました。

韓国での一週間の断食祈禱は、これ以上ないほど真剣なものでした。特別にお願いして全員で祈っていただきました。韓国から戻る時、主からいただいた一番の贈り物は次のみ言葉でした。

「わたしはあなたの行いを知っている。見よ。わたしは、だれも閉じることができない門を、あなたの前に開いておいた。あなたには少しばかりの力があって、わたしのことばを守り、わたしの名を拒まなかったからである。」（黙示録　三・八）

このみ言葉こそ、その後の教会のあらゆる働きの先頭を照らし、力ある御手のわざをなさり、道を切り開いてくださる主の約束のみ言葉でした。教会が、ある時は行き詰まり、ある時は山のような問題に阻まれるたびに、主権者なる神が、だれも閉じることができない祝福の門を開かれ、上を見上げることで解決し、栄光への道が開かれて、絶望が希望に変えられてきたのです。

教会は、頭であられる主イエスが先を行かれる共同体なのです！　教会の主権者である主がくださったお言葉による約束の確かさ。それは現在も私の宝であり、揺るぎない確信となっています。

真剣に求めていく者に、主は、確かにお会いくださる真実なお方であられます。このみ言葉は、私の心の深みにしっかり打ち込まれ、私たち夫婦、そして教会にとってのライフワードとなりました。

荒野に道を、荒れ地に川を

教会では、一九九五年から「ミッション３０００」のビジョンがスタートしました。地域社会のニーズに応えて、キリストの愛をもって仕えていくための教会、だれもが集いたくなる教会をめざすものです。その布石が着々と打たれていきました。

二〇〇〇年には、神様が備えてくださった二二〇〇坪の土地にダイヤモンドチャペルを奉献。以来、無認可保育園、チャーチスクール、地域作業所、訪問介護サービス、サッカースクールなどのＮＰＯ法人を次々と開設していきました。

二〇〇二年は、日韓合同サッカーワールドカップの年でした。決勝戦の地、横浜にある私たちの教会は、地域の諸教会や各国の宣教団体と協力して「サッカーフェスティバル」を開催しました。信仰と実力を兼ね備えたクリスチャンスポーツマンが、世界には大勢いる！　それを知る機会となったユースパスターの恵賜師中心に、日本でもそんな若者を育てるために祈り始めました。

この年、恵賜師は、神様の不思議な導きを通して、日本に来ていたホルヘ・アルベルト・オルテガさん（サッカーの元アルゼンチン代表選手）と会うことができました。敬虔なクリスチャンのオルテガさんは、日本では十二歳から十五歳の少年の自殺率が高いと聞き、彼らに、サッカーを通して神様にある希望を伝えようと考えて、すでに一九九四年から五年間、鳥取県でサッカーを指導しておられました。

いったん母国に帰国したオルテガさんは、ある日、一人の牧師を通して「あなたは、まだ日本でやり残したことがある」という神様からのメッセージを受け取り、二〇〇二年に再来日。ある宣教師の紹介で、私どもの教会に来られたのでした。

恵賜師は、クリスチャンのプロサッカー選手育成、スポーツ伝道師育成・派遣というビジョンにおいて、オルテガさんと一致しており、この出会いは神様の確かな導きだと分かったのです。そこで、子どもサッカー教室を立ち上げ、教会あげてオルテガさんを受け入れることを決心しました。

マラドーナ選手とともにアルゼンチンチームを導き、得点王の実績を持つ超一流のプロ、オルテガさんが本場のサッカーを教えてくれるというニュースは、直ちに広まりました。

こうして二〇〇三年五月から、サッカーチーム&サッカースクール「エスペランサ」（「希望」という意味のスペイン語）を開校しました。小学生から大学生までのチームがあり、彼の優れた指導によって、すぐに成果が表れていきました。

当初、練習のためのグラウンドは、教会からもさほど遠くない「野七里少年広場」を借りていました。

ところが二〇〇八年、このグラウンドを含む八三五〇坪の土地が売却されることになりました。平和台チャペルは、それまで保育園とチャーチスクールに使っていたのですが、時を同じくして、横浜市の道路事業のため、移転の必要に迫られました。この重なる状況が、初めに記した「ミッション３０００」のビジョンを中心とする「プロジェクト横浜」計画実現への、神様の導きであると分かったのです。教会は、この土地購入を決定しました。しかし、そこには幾多の困難が立ちはだかっていました。

そんなある朝、主人は「土地のことで、あるお宅に話に行くので祈っていてくれ」と言って、行き先を告げずに出かけました。私も、何をどう祈ればよいのか分かっていませんでした。その問題は、だれも動かすことができない巨大な岩に例えられるかもしれません。そのために、何人もの真剣な祈りが積み上げられ、厳しい現実に立ち向かわされました。

しかし、その巨岩は動いたのでした。門は開かれたのです。

「わたしは、だれも閉じることができない門を、あなたの前に開いておいた」（黙示録三・八）と約束してくださった主を、私たち夫婦と教会のライフワードとなったこのみ言葉を、私は疑うことができませんでした。険しい地が平らにされ、鉄の閂《かんぬき》で固く閉ざされた扉をも、主によって開かれていく現実を見るのです。

今、その広大な土地には、エスペランササッカークラブ&サッカースクールと専用グラウンドがあります。さらに二〇一〇年には、保育園とインターナショナルスクールに使われるクリスタルチャペルが献堂され、「ミッション３０００」の働きを包括して担う「一般社団法人オアシス」が発足しました。

かつて、この土地は荒れ地として放置され、無許可のごみ捨て場となり、夜道は危険だからと避けて通られていました。でも、ここで素晴らしいことが始まると信じて、率先してごみを拾い、掃除を始めたオルテガさんは、こう語ります。

「神様は私にビジョンを見せてくれました。この地が緑になると。その緑の中を、子どもたちが喜んで走っている姿が見えたんです」

一〇年たった今それが実現し、緑の人工芝を敷き詰めた自前のグラウンドを持つエスペランサは、サッカー界からも注目されています。

教会では「畑ミニストリー」が発足し、この土地の道路わきの斜面一体をアジサイ園に造成しました。バラ園も作り、地元の自治会の皆さんやボランティアの方々も、手弁当で整えてくださっています。やがてこの場所が、地域の皆さんのコミュニティセンターとして用いられることを願っております。

「見よ、わたしは新しいことを行う。今、それが芽生えている。あなたがたは、それを知らないのか。必ず、わたしは荒野に道を、荒れ地に川を設ける。」（イザヤ　四三・一九）

真の礼拝者として（メッセージ）

私どもの教会では、毎週土曜日五時半からの早天祈禱会を、日曜日の礼拝勝利祈禱会としています。皆がメッセージを聞いて一つとなり、礼拝の勝利を求めて祈ります。左記のメッセージは、ある土曜日の礼拝勝利祈禱会で語られたものです。

祈りの武具に身を固めて

私たちは、土曜日の早朝にこうしてチャペルに集いました。明日の礼拝の祝福と勝利を求めて祈るためです。この祈りは祝福のための祈りであり、同時に戦いのための祈りでもあります。サタンは神の民の礼拝を妬んで戦いを挑んでくるからです。

戦いを前にして、祈りの手を上げたモーセに倣い（出エジプト 一七・一二）、私たちも勝利の手を挙げて、礼拝に備えたいと思います。

礼拝に対する主のお心を、聖書に聴きたいと思います。

「『毎月の新月の祭りに、毎週の安息日に、すべての人が、わたしの前に礼拝に来る』と主は仰せられる。」(イザヤ書　六六・二三)

主なる神は、私たちが創造主であられる主を第一に覚え、造られたすべての人が集って礼拝をささげることを望んでおられます。

詩篇にも、次のようなみ言葉があります。

「来たれ。ひれ伏し　膝をかがめよう。私たちを造られた方　主の御前にひざまずこう。」(詩篇　九五・六)

造り主に対して、造られた私たちがひれ伏し、膝をかがめて礼拝するこの姿勢は、人のあるべき真の姿です。私たち人はみな、このような礼拝者として招かれています。

イエス様も、このようにおっしゃっておられます。

「しかし、まことの礼拝者たちが、御霊と真理によって父を礼拝する時が来ます。今がその時です。父はそのような人たちを、ご自分を礼拝する者として求めておられるのです。」(ヨハネ　四・二三)

父は「真の礼拝者たち」を求めておられるお方です。

礼拝において、私たちは主イエス様にお会いし、だれも奪うことのできない喜びに満たされ、その喜びにあふれる世界を現に体験したいのです。自分も接する人をも、いのちのうるおいの流れに浸される幸いに生かされる原体験をさせていただきたいのです！　礼拝は、喜びと豊かないのちの祝福につながる神のお心です。挑み来るあらゆる戦いに対する勝利の秘訣でもあります。

この礼拝に対して、悪魔は挑んできます。悪魔は私たちが創造主の前に膝をかがめ、ひれ伏し、礼拝することを嫌い、いろいろな手段を用いて妨害してきます。礼拝を勝ち取った者にすらも、神のみ言葉を聞かせまいと挑み、聞いたみ言葉の実を結ばせまいと妨害します。

私たち神の民が、明日の礼拝の勝利のために早朝から集い、熱心に祈り備えていることに対して、ふと、悪魔も、明日の礼拝にどのように挑むか、明け方から作戦を練っているような気がしました。しかし、たとい悪魔の知恵がどのように巧みであろうと、どのような妨害が計画されようと、私たちは、祈りによってそのすべてに勝利する秘訣を与えられています。

「ですから、神に従いなさい。そして、悪魔に立ち向かいなさい。そうすれば、悪魔はあなたがたから逃げ去ります。」（ヤコブ四・七）

祈りの武具に身を固めて、立ち向かいましょう！

Ⅳ　日々の恵みを数えつつ

2人ともすくすく育ちました（1975年）

幼子との会話から

すでに書きましたように、私は十代のころ骨髄炎の治療のため、何年もギプスで骨盤を締め付けてきました。そのため骨盤が変形しており、医師からは「出産は無理です」と言われておりました。

ところが神様は、感謝なことに、結婚した翌年の一九七〇年に長男聖献を、一九七一年に次男恵賜を授け、母としての喜びを与えてくださいました。日々の子育てを通しても、神様は折々に大切なことを教えてくださるのでした。

子育てのエピソードを記した左記の文章を、教会の機関紙『ほんごう』（一九七三年二月創刊号）に掲載させていただきました。

聖ちゃんさびしいな……。

「タータン、もう夕方?」（タータン＝母親を呼ぶ言葉）

夕食の下準備をしていた私に、三歳の長男・聖献が積み木をやめて話しかけてきました。

「そうよ……」手を休めずに答えると、

「じゃーパーパン、帰ってくるね」（パーパン＝父親を呼ぶ言葉）

今朝、出がけに父親が「夕方帰るから、いい子でいてね」と声をかけた言葉を思い出したらしいのです。

「聖ちゃん、パーパンがいないとさびしいな……」

「さびしい」なんていう言葉を、いつ覚えたのだろうと思いながら、

「さびしい？　どうして？」

「あのね～パーパンとお話しできないから」

「そう！」

忙しさに追われて、父なる神との対話（神に聞き、神に語る密室の時）がいつも不十分な私は、そのことを、ほんとうに、淋しく思っているだろうか――。

子どもとの会話から、心探られる思いになりました。

パーパンが言っていたもん！

「アッ、これいけないんだよ、だめ！」

聖献が、私の手から一枚の古はがきを取り上げました。紙くずを燃やすために、本立てを整理していた時です。

「パーパンが、たいせつなことが書いてあるから、取っちゃダメって言っていたもん！」

なるほど、それには二つ三つ大切なことが書いてあり、目立つところに立てかけてありました。しかしその内容は、すでに済んでしまったものでした。

「これはね、もう済んでしまったの。だから、燃やしてもいいものなの」

幼子は、はがきを持った手を後ろにまわして、私に迫るように言いました。

「違うよ、パーパンが言っていたもん！」

「そうお……」

私はくずかごを持って、部屋を出て行きました。後で部屋に戻ってみたら、そのはがきはもとあったところにきちんと立てかけてありました。

幼子は、父親の言うことは絶対だとして、聞き従っている……。

電球が切れた時のことです。

「パーパンが帰ったら、なおしてもらう」

幼子は、父親を何でもできる人として信頼している……。私は、天のお父様にこのような信頼をしているだろうか。幼子ほどに心から信頼できているのかを、探られたことでした。

そして、み言葉を思い起こさせられました。

イエスは彼らに言われた。「どうしてそんなにこわがるのです。信仰がないのは、どうしたことです。」（マルコ　四・四〇）

どんな現実にぶつかっても、「天のお父様にしていただくんだ」と信じて貫く信頼を主に置きたいと、強く思わされたのでした。

パーパンに見せるの！

お腹が空いたのか、聖献は、せっせとミカンを口に運んでいました。土曜日の昼下がりのことです。

「アッ、面白い形しているよ。フーラ（ほーらの意）」

得意げに、おじいちゃん手作りの“マイカー”を運転

二つ目をむき終えた幼子は椅子から降りてきて、手を高く上げて、むいたばかりのミカンを私に差し出しました。それは出来損ないの瓢箪のような形でした。

「あら、本当に面白いわね。アラッ、聖ちゃんの好きなミカンの赤ちゃんが、二つも入っているわね」

「パーパンに見せる」

そう言って幼子は、大事そうにそれを籠のすみに置き、新しくもう一つ取ってむき始めました。

（幼子の心には、いつでも、父親の住んでいるところがある……）

私は、いつも父なる神様に心を向けて、父なる神様を迎え入れているだろうか？

「私はいつも、私の前に主を置いた。主が私の右におられるので、私はゆるぐことがない。」（詩篇　一六・八）

このように、私も、常に主を自らの前に置く者でありたいと願わされたことでした。

煙さん、煙さん、どこへ行くの？

この日主人は、茨城の教会の特別伝道集会のご奉仕に、朝早く出かけて行きました。昼近くになって、私は家の前で掃除をして、枯葉を集めて燃やしていました。

それをじっと見つめていた聖献が、突然言い出しました。

「煙さん、煙さん、どこへ行くの？　遠い茨城のおそらに飛んでいくの？　アータンも行きたいな……」（アータン＝自分のこと）

私はそれを聞いて、三歳の子どもの心にこんな詩心があるのかと、驚くやら感動するやら。父親をしたう幼い心に、私は、神様に心向ける熱い信仰を呼び覚まされる思いでした。

夜、帰ってきた主人とお茶を飲みながら、私は昼間聞いた聖献の言葉を思い出して「あの子は将来、詩人になるのかしら」と言って、感動させられたままを少し大げさなくらいに話しました。主人は、私が勝手な想像をしているなぁと思ったかもしれませんが、微笑みながら聞いてくれました。

戻ってきたカメちゃん

長男の聖献は生きものを大切にする子どもでした。

小学生のころだったと思います。小さなカメを飼うことになり、「カメちゃん」と名付けて家の中で大切に可愛いがっていました。

ある日、聖献はいつものようにカメちゃんを家の中で放して遊んでいた時に、友達がやってきたので一緒に外出しました。ところが、うっかりしてカメを籠に入れ忘れてしまったのです。夕方家に戻った聖献は、籠にカメがいないのに気づいて家じゅうを必死になって探しました。私も一緒に探しましたが、見つかりません。

その頃、牧師宅は平和台チャペルの地下部分にあり、すぐ畑に続いていました。カメは前の畑に出ていってしまったかもしれません。家族みんなで畑に下りていって、あちらこちら探したのですが、ついに見つかりませんでした。夕食の時、聖献はとても心痛めて、祈りをささげていました。家族みんなで、「アーメン」と心から唱和しました。

次の日から、朝起きてはすぐに祈り、畑に出ていって探し、学校から帰ってくるなり、畑に出ていっては探しました。とにかく時間があれば探し、部屋の前の畑に向かって立って祈っていました。でも、一か月たっても二か月たっても見つかりません。それで、さらに範囲を広げて探し続けました。

やがて半年を過ぎた頃には、私も主人も、カメちゃんのことは神様に預けて、諦めていたのです。しかし聖献は、親が知らないところ目立たないところで、カメちゃんの帰りをひたすら祈り続けていたようです。教会でも、何人もの方がカメちゃんのために祈ってくださっていました。難波たみ子姉妹は、特に聖献の痛みをよく覚えてくださる大事な祈りの器でした。

そのたみ子姉妹が、ある日のこと、桂台の方からバイクで走ってきたら、道を横切ろうとしている小さなカメがいるのに気付きました。思わず、(聖献さんのカメちゃんかしら)と思って急ブレーキをかけて止まり、カメに近づいて取り上げてみました。見ると、甲羅に傷があるではありませんか。カメちゃんの甲羅には傷があると聞いていたので、これは間違いなく聖献さんが探しに探し、祈りに祈っていたカメちゃんだと分かったのでした。

こうして、はやる気持ちを抑えて、バイクの前籠にカメちゃんを乗せて、教会に駆け込んでくださったのでした。

その日教会にいた私は、「え〜、まさか！」と、飛びあがるような思いで見ると、確かに、聖献のカメです。「神様ありがとうございます！」と言って、思わずカメちゃんに頬ずりしました。素晴らしいことをなさる主に、心が震える思いでした。

家から離れて半年もたってしまっていたカメちゃん。しかも、家からは二キロも離れているアスファルトの道路を、ノッソ、ノッソと横断中のカメちゃん。まさにその時に、バイクに乗って通りかかったたみ子姉妹に出会ったのです。そこは車の往来が結構激しい通りです。もし、車にでも轢かれたらひとたまりもなかったはず。それはまさに万に一つのチャンスでした。

そこに神の御手が伸べられたのです。神様は、ほかのだれでもない、一番ふさわしい人、祈りに祈ってくれていた、たみ子姉妹のバイクと出会わせてくださったのです！

早速カメちゃんを子どもたちの部屋に連れていって、籠に入れてあげたのですが、カメは無表情です。どんなにいい子いい子して撫でても、もこもこしているだけで、嬉しいのかどうかわかりません。しかし、確かなのは、聖献の祈りに答えてくださって、家から二キロ以上も離れている道路でカメちゃんを見つけさせてくださった、神の御手のわざでした。

学校から帰ってきた聖献の喜びようはたとえようもありませんでした。「お帰り、お帰り」と何度も何度も言っては頬ずりしたり、甲羅をなでていました。しかし、猫や犬と違って、カメの喜怒哀楽はまったく分かりません。聖献のありったけの愛情表現に、ただ、ただ、体をもこもこさせているだけです。しかし、その光景を見ていると、私はこころが熱くなり、目が潤んでくるのでした。

カメは、確かに喜怒哀楽をまったく表さない動物です。でも、物の本によると、同じカメの仲間の海ガメは産卵に時間を要するので、潮の満ち欠けを見分けて、満月の夜を選んで卵を産むのだそうです。そんな知恵をだれが与えたのでしょうか。カメも神様の知恵を知り、生かされているのです。だとしたら、飼い主の愛は必ず伝わっているのではないでしょうか。

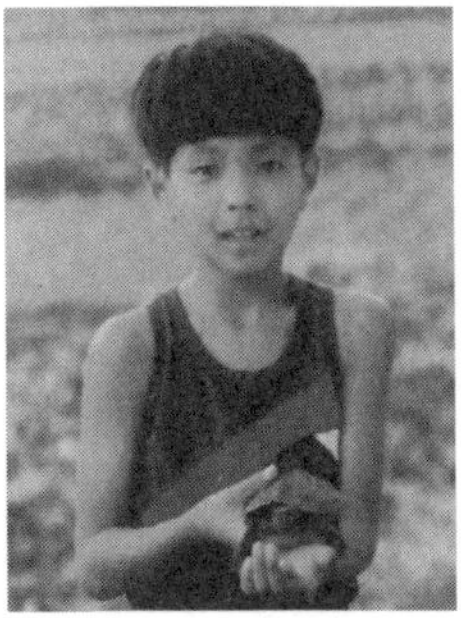
戻ってきたカメちゃんと

夕食の時に、家族みんなで感謝の祈りをささげました。

その日からしばらく、聖献はカメちゃんの籠を寝床のそばにおいて寝ていました。

聖献のやさしさから流れるメッセージを母に伝えてくれた「聖献とカメちゃんの愛の物語」です。

下には永遠の腕が……

私たち夫婦が廃品回収の仕事に慣れてきたころ、子どもたち二人も毎日一緒にトラックに乗り、喜んで一日中協力してくれました。私の作ったおやつを食べたり、絵本を読んでもらったり、家の前で手を挙げて合図をしてくれる人を、目ざとく見つけては教えてくれました。

お昼になると、公園や遊び場を探して、私の手作りのお弁当を食べるのが楽しみでした。子どもたちは、その場その場で楽しみを発見して遊び、時にはお客さんからの差し入れに喜んだりしました。古新聞や段ボールがたくさん集まるので、帰宅が遅くなったり暗くなったりしますが、頑張って手伝ってくれていました。

その日は仕事が早く終わったので、私と主人は小長谷橋のたもとに車を停めて、仕事の後かたづけを始めました。子どもたちは笹舟を作って橋の上から川に落として、どっちが速く流れるか競争していました。二人とも、狭いトラックの中から降りた解放感もあったのでしょう。楽しそうにはしゃぐ声を背に、私たちが最後の片づけを急いでいる時でした。

突然、橋の上から聖献の叫び声が。私が振り返った時、恵賜は真っ逆さまに川に落ちていくではありませんか。

「あー、恵賜！」

私の悲鳴とほとんど同時に、主人は橋のたもとに駆け寄るなり、水の中にザブザブと入っていきました。水はそんなに深くなかったのですが、川の真ん中には大きな岩が二つあります。岩の間には、ビニールのごみ袋がクッション状に重なって巻きついていました。何と、恵賜はその岩と岩の間にすっぽりと挟まるように落ちたのです。もし、頭が岩に直接当たっていたら、どうなっていただろう……。想像するだけで恐ろしくなります。

主人が恵賜を抱き上げると、落下したショックで青い顔をしており、「恵賜！」と呼んでも返事ができないほどでした。でも、意識ははっきりしていることがわかりました。主の御手の中で完全に守られたのでした。

沖縄から訪ねて来てくれた親戚と。家の近くの小長谷橋で

その晩、あらためて、家族みんなで涙とともに主に感謝の祈りをささげました。まさに主が奇蹟的に守ってくださったのでした。

その後しばらく恵賜の様子を見てみましたが、何の異常も見られませんでした。

「下には永遠の腕がある。」（申命記　三三・二七）

このみ言葉の真実を、この時ほどはっきりと実感したことはありません。

「父さん、お祈りでしょう」

池田　博

私たちが使っていた小型トラックは、古いのでよく故障しました。

ある冬の日、逗子ハイランドという広大な住宅街で廃品回収の仕事をしていました。クリスチャンの顧客が何軒もあって、二トン近くの古新聞が集まりました。すでに夕方であたりは真っ暗です。会社が閉まる時間が迫っています。

最後のお客さんが出してくださった新聞を積み終えて「さぁ、出発だ」と言って車のエンジンを掛けようとしてキーを回したところ、カチャッ、カチャッという音だけでエンジンが掛かりません。

（これは困った。どうしよう……。早く会社に戻らなければ、遅くなってしまう）

私は焦りだしました。

そんな時に限って、余計な思いが働くものです。かつて大学の研究室で学んでいた内

「父さん、お祈りでしょう」

燃機関の仕組みが、なぜか急によみがえってきました。エンジンがいきなり掛からなくなった場合の対処法を思い出そうとして、頭がぐるぐる回りだしてしまったのです。こういう場合、機械的にはどうなっているのか。電気系統はどうなっているのか――。そこにとらわれ始めると、もう半分パニック状態に陥ってしまいました。

エンジンキーが、カチャッと音を立てた瞬間、私の心は完全に肉に戻っていたのでした。そんな慌てふためいている私の横で、妻は黙って祈っていたようですが。

その時、聖献が確信に満ちた言葉ではっきりこう言ったのです。

「父さん、お祈りでしょう」

私はその声でハッと我に返りました。これは天の声だと思いました。

「聖献、祈ってくれるか。みんなで心合わせよう！」

聖献は素直に「わかった」と言って祈ってくれました。

「イエスさま、エンジンがかかりません。イエスさま、エンジンをかけてください。イエスさまのおなまえでおいのりします。アーメン」

一同が唱和して祈り終えて、私は「主よ！」と叫びながら、もう一度エンジンキーを回してみました。何と、今度はエンジンがブルーン、ブルブルという快調な音を立てて掛かったではありませんか！　この時私は、自分自身の信仰が問われたのだと反省しました。

（神様感謝します！　ありがとう、聖献ありがとう！）

こうして、二トン近くの古新聞を山積みにして、無事会社に届けることができました。社長は「池田、よく頑張るなぁ」と、珍しく声をかけてくれました。

主の奇蹟の恵みは、いつも尽きません。

目標を掲げて祈る

池田　博

主の計画と祝福の下で、私たち夫婦は忙しい日々を過ごしていました。

しかし、どんなに忙しくても、わが子の教育と信仰の育成は、決しておろそかにしてはなりません。主から預かった子どもたち二人を、牧師家庭の子どもとしてどのように育て、主にお返しできるのか——。絶えず祈りつつ携わらせていただきました。しかし、これでは十分ではない、まだまだ足りないと、心痛めることの多い日々を奮闘していました。

中でも重点的に考えて取り組んだのは、家庭礼拝をどのように充実したものにしていくかということでした。聖書を読んでお話をしてあげるだけでは、教会学校の続きになり、子どもたちは「またかぁ」と思って飽きてしまうでしょう。どうしたら、信仰を具体的に体験させることができるのか——。妻と二人でよく祈って考え、工夫していきました。

そこからたどり着いたことは、「目標を掲げた祈り」が大事ということでした。小学校低学年になっていた子どもたちに、何を目標に祈るのか意見を出させました。二人とも、廃品回収で一緒にトラックに乗って過ごしてきたので、〝車大好き人間〟になっていました。でも、これまでは小型トラックにしか乗っていなかったせいか、「今度はワゴン車に乗りたい」と言い出しました。そこで、家庭礼拝でそのことを祈りの課題に挙げ、どんなワゴン車がいいか話し合いました。

すると、子どもたちはにわかに色めき立って、「ハイルーフがいい」、「天窓が開くようになっているのがいい」、「色は銀メタ（シルバーメタリック）がいい」といった調子で、意見がどんどん出てくるのです。いやー、驚きました。

ともかく子どもたちの気持ちを大事にしてあげよう……。とはいえ新車を買えるわけではなく、中古車を買うことになるのですが、そんな、願ったり叶ったりの中古車に出会うチャンスなんて、万に一つもあるかどうか。

しかし、目標は大事です。それを、毎日曜日の夜、家庭礼拝の特別な祈禱題目にしたのでした。そのための献金も始めました。子どもたちはお小遣いを節約し、お年玉などは什一献金をささげた後はみな、車のために貯めました。

子どもたちは、廃品回収のトラックで出かける時は、他の走行車に注目し、目を皿のようにして中古車センターに並んだ車を見ていました。

一年ほどたったある日、鎌倉街道沿いの港南台で中古車センターを通り過ぎた時です。子どもたちが、いきなり大声で「あった！」と叫ぶではありませんか。私は、まさかと思いながら、急いで引き返してその中古車センターに車を停めました。驚くなかれ、何と目の前に、祈っていたとおりの銀メタ、ハイルーフのワゴン車があるではありませんか！　祈っていた条件にあまりにもぴったりの車に、みんなでキャーと叫んだことでした。そして主に感謝しました。

ただ、一つだけ問題がありました。値段です。それは今、手元に用意してあるお金の三倍以上するのです。しかも中古車ですから在庫はその一台だけで、買い手がついたらその場で売れてしまいます。

そこで、私は販売担当の方に、これまでのいきさつを話しました。

「子どもたちが願っていた、まさにその車がここにあるのです。支払いを、何とかしばらく待っていただけませんか」

祈り求めていたワゴン車が与えられた！

　すると、その方は深く頷いて「配慮しましょう」と言ってくださり、とりあえず手持ちの内金で数日待っていただくことにしました。その晩家族みんなが、胸の鼓動を抑えがたいまま、心ひとつにして真剣に祈りました。

　その祈りは天に届きました。

　沖縄で、妻がいろいろとお世話になった写真家のブラッキーさんは、すでにアメリカに戻っておられましたが、開拓伝道を始めた私たちに、折々に献金を送ってくださっていました。その献金が、何と、祈った翌日に送られてきたではありませんか！　しかも、車の必要にぴったりの金額でした！　何という、主の奇蹟のみわざでしょうか。早速お店に行って支払いや諸手続きを経て、車はわが家のもの、子どもたちのものになったのです。家族みんなで心一つにして祈った祈りはこうして聞かれる、という経験を、目の当たりにさせていただいたのでした。

家族旅行も主とともに

家族が一つとなって祈って与えられたワゴン車は大活躍しました。時間を作っては近郊をドライブし、日曜の夜の家庭礼拝では、次の夏休みのドライブ計画を立て、みんなで祈りに燃えました。やがて数年計画で、北は北海道から南は関西、中国地方まで行くことができるようになりました。

今と違ってオートキャンプ場はほとんどなかったので、遠くの駐車場に車を停めて、テントを張ってキャンプ道具を運んで、時に海辺で、時に河原でキャンプしました。ハイルーフの天窓から夜空を眺めて、星座を勉強したり流れ星を見つけたり、時の過ぎるのを忘れたものでした。

北海道では、駐車すると決めておいた川沿いの場所に、予定よりも遅れて夕方遅く着きました。あたりは真っ暗です。懐中電灯やろうそくで夕飯を用意し、ゆっくり楽しんで休みました。翌朝、朝食を済ませて出発しかけて、ふと見ると、そばに大きな立て看板があって、大きな字で「クマの出没に注意」とあったのです。みんなでヒャーッと肝を冷やしました。しかし、何事もなく守られたことを「神様、感謝します」と祈ったことでした。

当時は、今のようなカーナビはなかったので、ドライブにロードマップは欠かせませんでした。我が家には、日本中の道路地図がほとんどそろっていました。時間がある時それを開いて、今度はどこに行こうか、どの道で行こうか、何を見ようかといったことを話し合うのも楽しみの一つでした。

ある年の夏休みには、信州中心のドライブを計画しました。松本で文化財を見て、黒四ダム経由で富山におられたN兄弟姉妹のご実家を訪ね、さらに白川郷、飛騨高山へと回る計画を立てました。

出発の日は、朝四時前に家を出ました。わが家では、いつも早朝ドライブのさわやかさ、気持ちよさを満喫するのを楽しみにしていたからです。

この日は、最初の目的地、長野の松本城に結構早く着きました。松本城は端正な造りで、黒い板張りが特徴です。時間の都合で城の中には入らず、写真だけ撮りました。松本で見ておきたかったのは、地元の名門校、松本深志高校です。深い森の中の佇まいが印象に残りました。

次にどうしても見ておきたかったのは、一八七六年に建てられた開智学校です。明治時代初期の擬洋風建築と呼ばれる校舎は、垢抜けした色鮮やかな建物でした。二〇一九年に国宝に指定され、今は博物館として開放されています。

私たちは一階から入って二階に上ろうとした時、ふと振り向くと、教会の吉野兄弟夫妻がいるではありませんか。彼らは私たちより一足先に開智学校に来ていたのでした。そのめぐり合わせに感動して、ハグしあいました。同じ教会員同士が、まったく打ち合わせなしに、こんな遠くの学校の階段下でバッタリお会いするとは！　彼らは私たちよりも一歩先に家を出たようです。主のめぐり合わせに、感動しつつ……。

そこから分かれて、私たちは次の目的地、一九六三年に完成したという黒四ダムに向かいました。大糸線に沿って北上し、トンネルの中をトロッコに乗り、やがて目の前が開けたとたん、黒四ダムが現れました。日本一の貯水量で、発電量三三万五千キロワット、ダム壁の高さは一八六メートルもあります。上からのぞき込むと、目が眩むような高さです。ダム壁の放水口からは、ものすごい勢いで放水されています。まさに圧巻の心に残る光景でした。

翌日は、前もって打ち合わせていた富山市のN兄弟のご実家を訪ねました。N兄弟からは住所だけをもらっており、「途中からでもお電話ください」と言われていました。これまでも各地に出かける時には、車が大好きな中学生の恵賜が、道路地図を片手に殆ど間違いなく道案内してくれました。今回も恵賜は「たぶん大丈夫」と言います。もちろん初めての道ばかりですが、恵賜は、次はどこを曲がり、どの道を行くと、よどみなく指示を出します。

まもなく彼らの住んでいる街に入りました。主人は、「このあたりで電話してみようか」と言ったのですが、恵賜は「大丈夫」と言って、次々道案内するのです。やがて、「ここ」と言って止まったところは、何とN兄弟の家の真ん前でした。これには私どもは感心を通り越して驚いてしまいました。N兄弟が家から出て来られて、「電話をお持ちしていましたのに」と言われます。「恵賜がみんな道案内をしてくれて、お宅に着いてしまいました」と言うと、N兄弟は、「まさか！」と素っ頓狂な声で驚いていました。恵賜は、まさに今日のカーナビでした。

N兄弟の家にしばらくお邪魔して、良き交わりと祈りの時を持ちました。

次の目的地は岐阜県の白川郷です。ここも以前から行きたかったところでした。江戸時代の建物が多く、二〇人以上の家族が何世代も共同生活をしてきたそうです。大きな藁ぶき屋根のいわゆる合掌造りで、多くは三階建てになっていて重要文化財や世界遺産に登録されています。室内も見せていただき、感慨深いものがありました。

祈って与えられた車で富山市の信徒宅訪問

次に行ったのは飛驒高山で、白川郷から南に下ったところにある標高六〇〇メートルほどの山岳都市です。ここも一度は見ておきたいところでした。春と秋の高山祭が有名で、山車の上のからくり人形が実に巧みに作られています。おいしいみたらし団子などを堪能して、帰路につきました。

ある夏、新潟の弥彦山を訪ねました。ふもとには和風庭園で有名な弥彦公園があります。それを見た後、昼食をとるため車を駐車場に停めました。あたりの木立には無数の赤とんぼが飛んでいます。珍しい光景なので主人が写真に撮ろうとした時、カメラがないことに初めて気が付きました。先ほどの公園に置き忘れてきたのでしょうか。ミノルタのカメラで、主人の父が大切にしていたのを借りてきたのです。昼食は後回しで、まずはカメラが戻りますようにと皆でお祈りしました。聖献は「祈ったのだから、公園に戻ってみようよ。食事はそのあとだよ」と言います。

車で一時間走って、遊んだ公園に戻ると、大勢の観光客でにぎわっています。

（あぁ。これではカメラは出てこないだろう）

一瞬悲観的な気持ちになりましたが、ともかく警察署に行ってカメラの紛失を届けました。するとお巡りさんはすぐに奥の部屋に入っていきました。そして持ってきたのは、まぎれもない主人の父のカメラです。地元の人が犬の散歩の途中で、公園のベンチにカメラがあるのに気付いて届けてくださったのでした。これは聖献が言ったように、神様が祈りに答えてくださったとしか言いようがありません。警察署は、道が入り組んだわかりづらい場所にあるので、観光客だったらわざわざ届けに来なかったでしょう。

まず祈る――→神様の守りを信じる――→行動する。

この時も聖献の信仰が実を結んだと実感しました。

こうして幾度もの夏、思い出深い家族ドライブをいろいろと満喫することができました。私たち夫婦は、伝道・牧会、教会学校の指導、それに廃品回収とＰＴＡや自治会など、さまざまな役目の忙しさのさなか、よくぞ合間を縫って、子どもたちと多くの楽しい時を過ごすことができたものです。これもすべて主の恵みとして感謝しました。

〝良きサマリヤ人〟ブラッキーさん

ブラッキーさんはユダヤ系アメリカ人で、バプテスト教会の信徒です。プロの写真家として、戦時中は沖縄上空から航空写真を撮り、戦後はコザで写真店を開き、児童伝道に重荷を持ち、セブランド宣教師に協力なさっていました。

ブラッキーさんは、戦災孤児施設の愛隣園を訪ねて、子どもたちの写真を撮っておられたことがありました。前にも書いたように、私は一時期、愛隣園で過ごしていました。そこでブラッキーさんと出会い、以来、長いお付き合いが始まったのでした。

ブラッキーさんは、セブランド宣教師とともに根路銘にまで来てくださり、私とおばぁの暮らしの様子や、私が癒やされて証しをしている姿などをたくさん撮影してくださいました。さらに沖縄特有の風習、子どもたちの遊び、学校生活、子守り、農作業を手伝う様子、それに豊かな自然等も撮影し、写真集『沖縄の子どもたち』として自費出版なさいました。

セブランド宣教師はこの本の冒頭で、私の生い立ちから献身に至るまでの歩みを英文で記してくださいました。我が家も二冊いただき、当時のことを振り返る貴重な記録として大切にしております。

ブラッキーさんの写真店前で

写真集『沖縄の子どもたち』には、駐留米軍の方々のさまざまな奉仕活動も写してあるので、米軍基地の人たちがたくさん買ってくださいました。ブラッキーさんは、その売り上げを沖縄の児童伝道支援と、東京聖書学院に入学した私の学費に充当してくださったのでした。おかげで学びに集中できたことを感謝しております。

私と主人が横浜に遣わされた初期のころ、ブラッキーさんは友人とともに、会堂のために継続的に援助してくださいました。

私たちの息子二人が車を買うために自分のお小遣いを貯金して祈っていると知った時も、援助してくださったのです。ですから、息子たちにとっても忘れられない大事な人になっています。長男・聖献は、アメリカ留学中に電話のやり取りをさせていただきました。

　こうしてブラッキーさんは、半世紀にわたって、陰で折に触れて私たち一家を経済的に支えてくださった、まさに〝良きサマリヤ人〟でした。

　ある時、感謝を込めて池田家の家族写真を送ったら、返事にこう書かれていました。

「トキコの夫の写真を見ると、髪の毛が大分薄くなっている。君は夫に大分苦労を掛けているんじゃないかな。気をつけなさいよ。よく祈るんですよ」

　まさに親心のような愛がこもった忠告でした。驚きつつも、ブラッキーさんの愛情の細やかさには、家族みんなで感動せずにいられませんでした。私たちは、先に天に召されたブラッキーさんと、やがて再会する日を楽しみにしています。

聖献、恵賜、それぞれの信仰継承

子どもたちが中高生になると、親子ともこれまで思ったことのない試練と葛藤を経験することになります。それは少年から青年への移行期に、どうしても通らなければならない通過点でした。

子どもたちが小学生の頃は、親子でさまざまなことを率直に話し合ってきました。でも、彼らが中高生になると、洗礼のことや将来の方向についても、それまでのように率直に親の考えを伝えるわけにはいかなくなっていきました。

牧師会やカウンセラーの話を通して、小学生時代のようにみんなで一緒にとか、家族でというのではなく、親と子が個人として向き合う姿勢が大事なのだと知りました。また、父親と母親がそれぞれ役目の違いをよくわきまえて、子どもに接していかなければならないのだと教えていただき、さっそく実行していきました。

主人は子どもを別々に連れ出して、ファミリーレストランで食事をして、説教がましい話し方ではなく、できるだけ彼らの心や気持ちを聞いてあげるように努めました。それによって、兄弟でも、性格の違い、考えや将来ビジョンなどがかなり違っていること
がわかりました。それまでは、何事も二人で一緒に仲良くやっていたのに、兄弟間に微
妙な葛藤があることもわかりました。

洗礼のことも、どのようにアプローチしていくのか、祈りを要しました。時々、牧師
会などで、小学生や中学生のうちに洗礼を受けた例などを耳にします。そんな時、我が
家ではどうすることが最善なのか、夫婦でよく話題にして祈り合いました。お互いに一
致したのは、決して親の希望だけを押し付けてはいけないということでした。

息子たちは、牧師の子どもということで、周りからはいやな思い、つらい経験をさせ
られていることもわかりました。それらは二人にとってみれば大変なプレッシャーだっ
たようです。

二人の名前には、生まれる以前から、特に父親の祈りと思い入れが込められていまし
た。長男の聖献は「神様への聖なる献げもの」、次男の恵賜は「神様からいただいた恵
みの賜物」という意味で、いずれも聖書からとりました。しかし変わった名前であるこ
とから、それぞれ負担になっていたようです。そのことで、子どもたちから表立って愚

痴を言われたことはなかったのですが、きっと心の中では悩んでいたのでしょう。主人は、「名前のことは気にするな」と言い、私は、主人が命名したわけを子どもたちに話してあげていました。

やがて二人が高校受験を迎えるころ、私は、子どもがいない時に彼らの部屋の前で祈り、おやつや夜食を作ってあげていました。また、彼らが話したいことがあるかもしれないので、階下の居間で遅くまで起きていました。彼らが部屋から出てきた時などタイミングをとらえて声をかけ、そんな時の何気ない会話から、さりげなく気持ちを聞きだすようにしていました。

三重の喜びの時が来た――聖献

聖献は、幼いころからよく祈る子でした。その祈りがきちんと答えられていく中で、私たち親のほうが何度も祈りの姿勢を正されたほどでした。

しかしその聖献に、祈ることへの試練が次々と襲ってきました。

小学六年生のころのある日、聖献は巣から落ちた子雀を掌に載せ、慌ててチャペルに入ってきました。「獣医のところに連れていく」というのですが、私には子雀が死ぬのはわかっていましたし、そもそも牧師給では治療費が払えないのです。聖献は講壇の前で一時間も祈り続けていたでしょうか。しかし子雀は聖献の手の中で死んでいきました。涙でぐしょぐしょに濡れた彼の顔を見て心が痛みました。

中学生の時には、教会員の高校生が拾ってきた捨て猫をもらい、「レオ」と名付けて育てていました。レオは白毛で一方の目は金色、もう一方の目は銀色でした。獣医の話では、こういう目の猫は生来聴力がないのだそうです。それを知った聖献は、レオのために熱心に祈りだしました。

「レオが聞こえないために禍に会うことがないように守ってください。それは神様にしかできないことですから」

しかしある冬の日、温かい車の下に寝ていたレオは、エンジンを吹かす音が聞こえなかったため、そのまま発車した車にひかれて死んでしまったのです。

(あんなに祈ったのに……)

聖献は食事もとれないほど落胆し、半ば放心状態に陥ってしまいました。見かねた私たちは、「レオの代わりに、レオに似た猫を見つけてあげるからね」と言って慰めようとしました。しかし聖献は、「レオはレオだ。レオに代わる猫なんかいないんだ」と言って心を閉ざしてしまったのです。

信仰の試練はさらに続きました。

ある日私が「聖献、祈りましょう」と声をかけた時、聖献はこう言ったのです。

「僕は祈らない。結局は神様のみこころだけが成る。だとしたら、僕がどんなに祈ったとしてもその祈りはむなしい」

しばらくたって話し合った時、こうも言っていました。

「僕は神様の存在を疑ったことは一度もないよ。でも、何でもできる方が、してくださらないことに腹が立つんだ」と。

彼は洗礼を拒み続けていました。

主人は聖献にアメリカ留学を勧めました。新天地で自分と向き合い、自分で見つけた道を歩いて行ってほしいと願ったからです。こうして高校を卒業したあと、カリフォルニア州立大学で念願のコンピューター科学を専攻し、同大学院で修士号を取得しました。

合計一〇年間のアメリカ留学を終えて、ついに帰国が決まった時、家にはこんな報告の電話がかかってきました。

「長い間お祈りありがとう。おかげで卒業できました。日本での就職も決まったよ。それともう一つうれしいお知らせを。僕、洗礼を受けてきた」

「えー、洗礼!?　ハレルヤ！」

私は驚きのあまり、思わず甲高い声で叫びました。早速教会員の方々に伝えると、皆さんも大喜びで、期せずして「ハレルヤ！」の大合唱でした。六〇余名の方々がお祝いの寄せ書きを書いてくださいました。ある方はこう書いてくださいました。

「……神様の時というものが確かにあって、それは聖く美しいものだとつくづく思わされました。豊かな聖霊の流れの中で、大きく息をして人生を歩んでください」

「待ちに待った聖献さんの受洗でした。……そして卒業、就職と三重のおめでとう」

一九九七年、聖献ははればれとした表情で、一〇年ぶりに我が家に戻ってきました。やがてふさわしい結婚に導かれ、妻の雅美さんも洗礼を受け、東京に住んでともに忠実に主に仕えています。そんな姿を見るにつけ、主の憐れみの深さに感謝し、ただ「ハレルヤ！」と主を讃えるばかりです。

それにしても、受洗を拒み続けてきた聖献が、どうして洗礼を受けたのでしょう。彼はその返事をすぐに書いてくれました。彼のためにお祈りくださった皆様にお分かちするために、教会の月報（『ほんごう』二〇〇四年八月号）に掲載しました。（次頁、一部省略）

カリフォルニア州立大学・大学院卒業式

受洗に至る歩み

池田聖献

過去の自分の疑問に、今明確に答えられるかと言えば、ほとんど答えられないと思います。

ただ言えることは、つらい試練も含めて神様のなさることには、一つひとつに必ず意味がある。それはすぐにわかることかもしれないし、人知をはるかに超えていて、とうてい理解できないかもしれない。でも、たとえわからなくても、それをそのまま受け入れられるようになった、ということだと思います。

たとえば、戦争で幼い子どもが犠牲になることにどのような意味があるのか、その子がどんな罪を犯したというのか、と問われた時、明確に答えられる人はいないでしょう。このような、人の目に不条理に映る出来事や理解できない試練を体験した時、神様に対して怒りを向ける人もいるでしょう。しかしこれは、自分が理解できない神の摂理は一切認めないという、人間が持っている傲慢さから来ているのではないでしょうか。

一方、謙虚な人は常に神様を信頼し、たとえ自分が理解できない事柄であっても、それを素直に受け入れ、また必要であれば神様に助けを求めることができます。そう考えると、やはり以前の自分は傲慢であったと思います（今でもそのような時が多々ありますが……）。

たとえばレオ（聴力のない猫）が轢死したとき、祈りの中で「そのことにはこういう意味があるのです」とはっきり示されていれば、間違いなく納得して受け入れることができたでしょう。しかしそれは、あくまで自分が納得できる答えが得られたからにすぎません。これではキリストの復活を自分の目で見るまで信じず、キリストに叱られてしまった弟子と大差がありません。

自分が理解できることのみを信じ、受け入れるのはだれにでもできることです。しかし、それでは「人知を超えた神の大いなるみわざ」を否定し、神がなさることは、すべて神の被造物である人間の理解の範囲内であるべきだということになってしまいます。

（主よ、私の願うとおりにすべてを働かせてください。主の計画ではなく、私の計画が成就しますように）――これではどちらが神様だかわかりません。

しかし、こういう傲慢な人間に対しては、いくら聖書の言葉をもって議論しても、完全に納得させ、心を開かせることは難しいと思います。自分の傲慢な思いに、なかなか気づくことができないのです。かつての僕がまさにそうでした。

では、なぜ僕は変わることができたのでしょうか？

やはり神様の憐れみと背後の祈りだったように思います。長い時間をかけて、徐々に徐々にという感じです。これは理屈ではありません。理屈で語ることができない変化であるところが、神様のみわざであるということなのでしょう。

以前、祈っても答えられないことがあるというのに、祈りに意味があるのだろうか、と疑っていた時期がありました。しかし「答えられなかった」というのは、あくまで自分の思いどおりの答えが返ってこなかった、という自分勝手な考えからでした。祈りへの答えが来るのは、祈ったその瞬間かもしれないし、何年先か何十年先かもしれません。自分が考えていた答えとは、一見違って見える答えが返ってくることもあります。その答えが、期待するものとあまりにも違っていた場合、理解できずに悩み苦しみ、意味を知ろうと問い続けるかもしれません。しかし最終的には、自分が理解できるできないにかかわらず、素直に謙虚にその答えを受け止め、感謝できるようになりたいと思っています。

子どものころは、遠足など楽しみなことがあると、天気予報が雨であろうが台風が来ていようが、晴れるように祈り、それをまったく疑わずに信じることができました。でも今は、世間の常識や余計な知識などに邪魔されてできていません。祈りは必ず答えられると疑わず、心から信じることは非常に難しいと感じています。ただ、神様に委ねることはできます。そして心に疑念を持ってしまう弱さを、そのまま告白することはできます。今では、祈りはむなしい無意味な行為ではなく、神様の計画や思いを知ることのできる最強の行為だと思っています。

僕が洗礼を受けたのは、カリフォルニア州のカルバリーチャペルです。洗礼を受けたいと思っていた時に通っていた教会であり、この教会の洗礼についての考え方が、僕の考え方に近かったからかもしれません。

まず、洗礼自体が形式ばったものではありません。受洗希望者には、簡単に洗礼の意味などを話した後、お祈りをして一人ひとり洗礼を受けます。

僕の時は、五、六人が一緒に受けました。奥さんが受洗するというのでついてきたご主人は、奥さんが洗礼を受ける姿を見て、突然、自分も受けたいと申し出たのです。これは聖霊の働きというほかありません。もちろん牧師先生は感謝とともに笑顔でＯＫです。そのご主人は着替えを持っていなかったので、Ｔシャツにジーンズ姿のまま洗礼を受けました。終了後に牧師先生のお祈りを受けて、びしょびしょに濡れた服のまま顔は喜びいっぱいで輝いていました。

日本のように、受洗前に時間をかけて洗礼の意味を学び、本人の信仰を確かめて、というプロセスを否定するわけではありませんが、僕としてはカルバリーチャペルのような洗礼式が、本来の姿のような気がしています。本人に聖霊が働いて、洗礼を受けたいという思いが起こされた時、その場で受洗できるのは素晴らしいと思います。洗礼を受けたいという思いは、悪霊や人の肉的な思いからは絶対に出ることはなく、必ず神様から来るものだからです。神様が起こしてくださった思いがそこにある以上、それがすべてであり、また洗礼を受ける最高の時だと思うのです。

アメリカツアーで変えられて——恵賜

池田　博

恵賜は高校一年のころ、大人への転換期に特有な心の乱れが見られ、親への反抗もあって、教会の礼拝も形だけ出席しているといった具合でした。たしなめると、あからさまに反抗的な態度を見せるようになり、口を利かなくなったり、自分の部屋に鍵をかけたりしていました。母親は恵賜の部屋の前で祈ったり、おやつをそっと部屋の前に置いたりしたものでした。

父親の私は、時に一緒に食事に連れだしたりしてきました。でも、彼の心はヴェールがかかったような状態でしたから、その心に触れることはできませんでした。

そんなある時、駅前のスーパーマーケットで万引きをしてしまい、店主から教会にこんな電話がかかってきたのです。

「本当は息子さんを警察に突き出すところですが、初めてなので、お父さんが来てくれれば引き渡します」

私は驚いて大急ぎでその店に飛んでいきました。そして土下座同然の姿で平伏して頭を下げ、何とか赦していただいたのでした。でも、私は恵賜を責めませんでした。

(何も悪くない父親が、僕の罪の代わりにあんなふうにしてまで謝ってくれた……)

そのことが恵賜の心の目を開き、ご聖霊に迫られて聖書がわかったのでしょう。

(あれが僕の罪の姿だ。罪なきイエス様が、僕に代わって罪を引き受けて十字架にかかってくださったのだ。「父よ、池田恵賜をお赦しください。彼は自分が何をしているのかわからないのです」と……)

その時が、恵賜のイエス様との出会いの時でした。

後年、牧師となった彼は、礼拝メッセージで、私たちの罪を背負って十字架にかかってくださったイエス様を語る時、いつでも目を潤ませ声を詰まらせます。イエス様の無限の赦しの愛が、ありありと迫ってくるからなのでしょう。

話は戻りますが、妻は、彼がもっとはっきり主に捉えられるチャンスが与えられるようにと、なおも祈り続けていました。そのチャンスは、彼が高校二年生の時にやってきました。

一九八八年春のある日、クリスチャン新聞を読んでいたら、ハーベスト・タイム・ミニストリーズ主催で、高校生対象に八月三日から十七日までのアメリカ研修ツアー参加者募集という記事が目に留まりました。妻はとっさに（これだ、このツアーに恵賜を参加させよう）と思ったのです。そして祈りはじめました。でも私はその記事を見て、ガーンと頭を叩かれた気がしました。何と、そのツアーは三週間で参加費は六〇万円！正直な話、当時の私たちの経済状態からすると、到底賄える金額ではありませんでした。しかし、妻は言いました。「これは恵賜に与えられた千載一遇のチャンスです。まず祈りましょう。祈ればきっと神様は何とかしてくださいますから、大丈夫です」

そこで、妻の信仰に立って、私たち夫婦は祈りだしました。

でも、肝心な本人は「え〜、行くのー？」などと言って渋っています。しかし、祈り続ける中で、これは主から来た思いであるとの確信が強められていきました。それで、「どうしてもなじめなかったら、途中で帰ってきてもいいから」とまで言ってあげると、本人もしぶしぶ納得したのでした。

早速問い合わせてみると、すでに定員いっぱいで申込期限が過ぎていました。ところが翌日、一人キャンセルが出たとの連絡をいただき、滑り込みで参加できるようになったのです。この旅が主のみこころであることが確信できる出来事でした。

問題は参加費です。

当時、私たちの教会が所属していたリーベンゼラ日本伝道会では、薄給の牧師のために中小企業退職金共済に加入していました。牧師はみな加入し、団体として月々の掛け金を掛けていました。牧師が退職する時には、その事業団から退職金がもらえる仕組みです。

やがて、リーベンゼラ日本伝道会から、各教会が宗教法人の資格を取って自立するようにとの呼びかけがなされました。私たちの教会は、団体の中で一番先に法人格を取りました。そうなると、牧師は会社で言えば経営者になったわけですから、中小企業退職金共済から脱退することになり、その退職金は、何と六〇万円だというのです。まさに〝寝耳に水〟で驚きました。しかもそれが、ツアー参加費振り込み期限のその日に入金されていました。このタイミングと言い金額と言い、それは恵賜の必要を満たすための主の備えだったのです。

何という主のみわざでしょう。文字どおり「下には永遠の腕がある。」（申命記　三三・二七）

八月三日の出発当日、夫婦で成田空港まで見送ったのですが、彼には友達がだれもいないこともあって、出発ロビーの端の方でぽつんとしていました。三週間という長い旅です。プログラムにはさまざまな計画が組み込まれています。期待して祈り続けました。でも、私の心のどこかで、恵賜が途中で抜け出して戻ってきてしまわないか、という不安がなかったわけではありません。

いよいよ帰国する日になりました。私たち夫婦は成田空港に出迎えに行きました。初めに担当者の方から「皆さんご安心ください。無事全員戻りました」との報告があり、まずはほっとしました。そして参加した高校生たちが到着ゲートから次々と出てきました。しかし、恵賜の姿はなかなか見つかりません。列の終りの方になって、ガラス越しに、恵賜らしい姿がぼんやりと見えたのですが、定かではありません。頭にはハンチングをかぶり、みんなとオーバーな身振り手振りで歩いている、あれが恵賜か？やがて、その恵賜が意気揚々とゲートを出て、私たちの前に来ると、五、六人の仲間を前に、こう言ったのです。

「お～、みんな、紹介しよう。うちの両親だ。よろしく」と。

私たちはその言葉遣い、態度の違いに目をパチクリ……。そこにはまったく別人に変えられた恵賜がいたのです。団長先生にお礼を申し上げましたら、先生も喜んで、「恵賜君は本当に変えられましたよ」と言ってくださいました。

帰りの車中で、彼はアメリカで体験したことを次々と話し出したのですが、あまりに盛りだくさんで……。親のほうはひたすら感動しながら聞くばかりで、ただただ主の御名をあがめたことでした。

このアメリカツアーで、恵賜は生まれ変わって根底から造り変えられたのです。このように、人生の転機は思いがけないところに備えられており、小さなきっかけが人を大きく変えていきます。そこには、見えないけれど確かな主の御手が働いているのです。

彼はもともと英語が嫌いだったし、アメリカという国も嫌いでした。しかし、その嫌いなはずのアメリカで、三週間で明確な救いの経験に与り、献身への召しも受けて戻ってきたのです。十月九日には洗礼を受け、生涯主に仕えていくことになったのでした。

一緒にアメリカ研修ツアーに参加したものの、救われないまま帰国した若者たちもいました。恵賜は全国に散らばっているそんな仲間と連絡を取り合い、講師を招いて三日間の信仰のフォローアップ集会を企画・運営しました。二十数名が参加し、救われる人や献身する人が起こされたのです。この集まりは、その後も数回場所を変えて行われました。私はそんな様子を見て、恵賜には、企画力とリーダーシップの賜物が与えられているとと思わされました。

一九九〇年には渡米して語学学校で一年間英語を学び、翌年、サウスカロライナ州コロンビアのＣＢＣ（コロンビアバイブルカレッジ）へ、一九九三年、オレゴン州ポートランドのマルトノーマ神学校で学びと訓練を受け、一九九六年に帰国しました。

一九九七年、恵賜は本郷台キリスト教会のユースパスターに就任。二〇一一年、斉木ゆみ子姉と結婚。二〇一五年、私に代わって主任牧師に就任いたしました。

マルトノーマ神学校を卒業

今ここに息子二人の歩みを振り返る中で、「子どもへの信仰継承」というものについて、親としてもあらためて教えられた気がします。結局、親が口出しするのではなく、主の前に祈りを持っていくなら、主がなしてくださることを経験した次第です。

「あなたがたがわたしの名によって求めることは何でも、それをしましょう。」（ヨハネ　一四・一三）

こうおっしゃってくださる主の前に、「助けてくださ

恵賜主任牧師と牧会チーム一同

い」と祈ることのできる恵みに感謝するのみです。信仰継承も、親の信仰云々とは関係なく、ひとえに主の憐れみ、恵みによるのですね。

「われらの主は偉大であり、力に富み、その英知は測りがたい。」（詩篇　一四七・五）

V 愛は勝利です

神山家。養子の浄治君と（1964年）

補い合って担い合って

十代のころ、私は結婚についてこんな夢を持っていました。

（イエス様に従う同じ道を、同じ目標に向かって一体となって歩むことができる、そんな人と出会って結婚したい。でもこんなことは果たせぬ夢なのかなぁ）

何しろ当時の私は、歩くことすらできなかったのですから。

それから数十年たった今、ふと思い返すと、その夢はすでに実現していたのでした。東京聖書学院で、イエス様を目標に生きる池田と出会って結婚することができました。主人はやさしさの中に威厳があって、在学中から同級生たちの尊敬の的だったのです。私はその頃から主人の人柄が好きでした。結婚して元気な息子が二人も与えられ、のちに高台に建つ白壁の牧師館まで与えられました。主は、惜しみなく押し入れゆすり入れて、祝福してくださいました。

主人はこんなふうに書いています。

――私たちは仲の良い夫婦であるだけでなく、呼吸のぴったり合う同労者、神の戦士でもあります。これは伝道の召しを受けた者には大事なことだと思います。というのは女性が多い日本の教会では、女性の問題を扱ううえで、男性牧師にはどうしても限界があると思うからです。その点、召命がはっきりしている妻なら理解でき、役目を分担できるわけです。

義父・池田浅次郎兄と家族一同(1993年)

一方で、一般的に女性の献身者は女性に感情移入しすぎて、客観的に公平に問題をとらえることが難しい場合があるようです。そういう場合に男性牧師の視点が必要となります。一人の魂を扱わせていただくうえで、夫婦で補い合い分担し合うことで、問題の突破口が開かれて、バランスの取れたアドバイスができるでしょう。――

私もそのことはわきまえているつもりです。主人は私の欠けのすべてを満たしてくれます。

私は、公私にわたって、だれにも口外できない、口外すべきでない問題を一人で抱え込むことが多々あります。そんな時、一人でイエス様にどんなに祈っても出口が見えなくて、悶々とすることがあるのです。

ところが私には、いつも脱出の道が備えられていました。それが主人でした。私と主人の真ん中にはいつも主イエス様がおられ、主人はどんなに忙しくても時間を割いて、私がイエス様に訴えた悩みや葛藤を静かに聞いてくれます。主人には信頼して打ち明けることができるし、喜びも痛みも共有してもらえます。主人のアドバイスは私の心に沁みてきて、主のお言葉を次々と思い起こさせてくれるのです。

こうして主の光によって、自分では気づかなかった心に潜む罪の部分が照らし出されます。悔い改めの涙の中で主の赦しをいただき、最後には希望と喜びで心満たされていくのです。それは、あたかもすばらしい聖会に出席した時のようで、思いがけない恵みに与ることができるのでした。

そのあと、私はすぐに立ち上がって台所で二人分の紅茶をいれます。喜びを分かちあう天与のティータイムです。

主のご計画の中で、今立たせていただいている自分がある！　ですから私はいつも主に「夫を心から感謝します。主よ、ありがとうございます」と祈ります。

同時に、主人にも伝えずにはいられません。

「人生を共に歩ませていただいている幸いを、心一杯感謝します」と。

「主に感謝せよ。主はまことにいつくしみ深い。主の恵みはとこしえまで。」（詩篇一三六・一）

すべてが益とされて

イスラエルの聖地を歩いて、イエス様の伝道足跡をたどってみたい――。それが十六歳で救われた時の私の夢でした。実際には寝たきりの体だったのに。

でも、イエス様は私の足を完全に癒やしてくださり、夢は実現して、三度も聖地を巡ることができました。さらに、証しを携えて、国内だけでなく韓国やブラジルなど海外を訪問する機会が与えられました。

証しに行ったその場その場にイエス様が立ち会ってくださり、責任をもって言葉を与えてくださいます。だから語ることができるのだし、いつでもどこでも、聞いてくださる方々にイエス様をお見せできるのです。

グアム島で、ある方のお宅を訪ねた時のことでした。その方の表情には「この世で私ほどみじめな者はいません」という内面の思いがにじみ出ていました。

私はかつて病床で味わった絶望と癒やされた証しを語り、「問題をイエス様の御手にゆだねてごらんなさい」と言って共に祈りました。主が触れてくださったのでしょう。その方は、泣きながら悔い改めの祈りをささげました。それまで何十年もの間背負い続けてきた苦しみが、わずかな間に潮が引くように洗い流され、顔がみるみる輝きだし、新しい人生を歩みだしたのでした。

どんなにひどい状況に見えても、それをイエス様の御手にゆだねるなら、失望は希望に、痛みは慰めと癒やしに、不安は平安に、悲しみは喜びや笑いに変えられて、顔までが輝きだします。理屈では説明できないこの現実に、私自身圧倒されているのです。

「彼らは涙の谷を過ぎるときも、そこを泉のわく所とします。」（詩篇　八四・六）

私は本書の初めに書いたように、骨髄炎で苦しむ中で、十三歳にして人間の孤独をいやというほど味わいました。本当に慰めが欲しい時に、だれからも慰めを得ることはできませんでした。

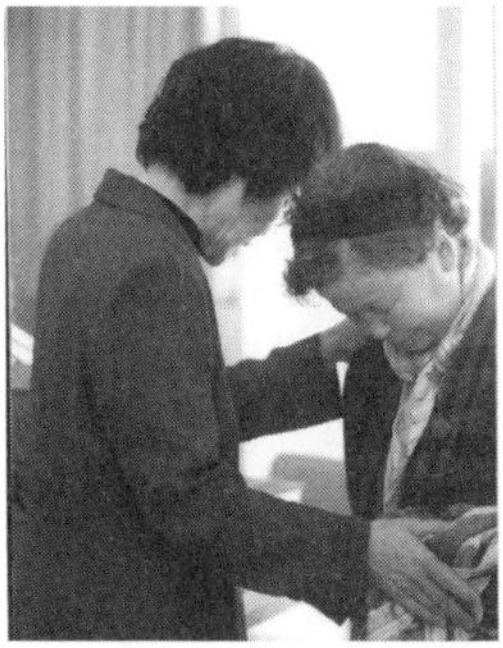
心を一つにしてとりなす

しかし、痛みや苦しみに会ったことは幸いでした。人の痛みを少しでもわからせていただけるからです。わかってあげようと努力したからといって、できるものではありません。それは神様から一方的にいただいたもの、備えられた恵みなのです。その人にできる限り近く寄り添って、その人に代わって祈ることができるとは、何という恵みでしょうか。つらいところを通らせていただいた分だけ、恵みも大きく与えられました。

主が良しとして通された苦しみ、痛みは、何一つ無駄ではありません。必ず神様の目的があり、その先には、すべてが益とされる世界が待っているのですから。

母は強し、母は優し

池田聖献

母の思い出と聞いて、まっさきに頭に浮かんだのは、鶏の手羽先と、サーターアンダギーでした。私にとって、この二つは忘れられないオフクロの味です。

手羽先の調理法は多々ありますが、池田家レシピは、冷蔵庫でタレに漬け込んだ素揚げです。これが絶品！　夕飯に延々と手羽先だけを食べ続けたことが何度もありました。

サーターアンダギーも大好きなおやつの定番でした。これは沖縄言葉で、池田家では標準語で「砂糖テンプラ」と呼んでいました。小麦粉に卵と砂糖を混ぜて揚げた球形のドーナツです。今でこそ街で見かけますが、あの当時はまだ珍しく、おやつに食べたり、得意気に友達に配ったりと懐かしい思い出です。

愛情深い母は、いつも好物を山盛りに作ってくれました。

同時に甦ってきたのはムカデの思い出です。

私たち兄弟はムカデが苦手でした。弟は小学生のころ、靴に入っていたムカデに足を咬まれました。私は、寝ているときに腕を這い上がってきたムカデの感触を、今でも鮮明に覚えています。周りに自然が残る環境は、虫に囲まれた環境でもありました。

ある日、どこに潜んでいたのか謎ですが（解明したくもないです）、学校に行こうと準備していた私の背中を大きなムカデが這い上がってきました。それを見た弟は大声で「背中！　背中！」と叫びます。事情の分からない私が首を曲げて見ると、すでに肩口、まさに目が合う距離にヤツが――。もうパニックです。弟と二人で大声を上げ、やみくもに走り回るだけで何もできません。

尋常でなかったであろう私たちの悲鳴を聞いた母が、キッチンから飛んできました。そして私の背中を見るやいなや、何と、素手でムカデをはたき落としたのでした！

こうして過去に思いを馳せていると、いろいろな出来事が思い起こされます。人生山あり谷あり。いこいの水のほとりで寛ぐ時間もあれば、死の陰の谷を歩む時間もあります。心身が疲れきることもあれば、信仰がブレるどころか、神様の存在を疑ってしまうような時もありました。

父はどんな時にも動じない人です。そして割と鈍感です。一方、わが子の心の機微を捉えて寄り添い、慰めてくれたのは母でした。そして二人とも根底にあるのは主への信仰と信頼です。父、母、それぞれの人生で経験してきた痛み、苦しみ、逆境のなかで錬られ培われた信仰。どのような境遇であろうと、常に主に絶対の信頼を置き、信仰がまったく揺るがない両親。これがなんとも頼もしいのです。

泰然自若の父。喜ぶ者と共に喜び、泣く者と共に泣くことのできる母。この絶妙な組み合わせにも主の計画と配慮を感じます。

母の思い出。母は強し、母は優し。そしてオフクロの味は最高です！

（いけだ・せいけん　長男、会社員）

信仰の人

池田恵賜

私の母を一言で言い表すとするなら「信仰の人」だろう。家のことであっても、教会のことであっても、普段の生活のことであっても、とにかく神様への信頼が揺らいだのを見たことがない。

幼い頃、よくこんな経験をした。

月の半ばをすぎると、母からリビングに集まるように声がかかる。父と兄と私が集まると、食卓の上に千円札が数枚置いてある。そして母は言う。

「今月は、生活費がこれだけしかありません。でも、私たちの養い主である神様は、神に仕える者たちが決して飢えることがないようにしてくださいます。さあ、祈りましょう」

そう言って、家族みんなで千円札の上に手を置いて祈るのだ。

当時の牧師給が幾らだったか子どもの私には分からなかったが、この祈りはほぼ毎月行われていた。そして毎回、神様は祈りに応えて、私たち家族が飢えることのないようにされた。子どもの頃は、（どうせ、また祈りが聞かれるんでしょ）と毎月の恒例行事程度にしか思っていなかった。だが大人になって振り返ってみて、「私の神様は祈りに応えられる」という揺るぎない確信が自分の内に与えられていることに気づき、それはこの原体験から来ていたと知って、改めてすごい体験をさせてもらったと感じている。

母の信仰は祈りに裏付けられたものであった。

私が高校一年だった年の春に、母にこのようなことを言われた。「恵賜、この夏あなたに素晴らしいことが起きるわよ」

しかし私は、何のことか分からずに聞き流していた。それが、夏に行われるクリスチャン団体によるアメリカへのユースツアーのことだと分かった時、私は即座に断った。前年に信仰決心していたが、私は元来、クリスチャンキャンプのような雰囲気にはなじめず、好きではなかったのだ。

母にとって、私をユースツアーに参加させるためには、三つのハードルがあった。一番大きい初めのハードルは私の気持ち。次に参加費。最後にツアーの申し込み締め切り日だ。これらのハードルがあることを知りつつ、母は私に声をかけてきたのだ。

案の定、初めのハードルさえ乗り越えられなかった。それでも信仰をもって祈り続けていた母の祈りに、神様は応えてくださって、一カ月もしないうちに私の心が変えられた。アメリカに行ってみるのもいいかな、という思いが急に芽生えてきて、母親にそのことを告げた。

すでに申し込み期限は過ぎていたが、一番大きなハードルが動いたと見るや、母はすぐに行動に移した。ツアー事務局へ電話したところ、ちょうど一人キャンセルが入ったとのことで、申し込みを受け付けてもらうことができた。

残るハードルは六十数万円の参加費だった。ツアー事務局からは、一週間以内に参加費を振り込むようにと言われた。貧しい牧師家庭では、どこをひっくり返しても出てこない金額だったが、母は、二つのハードルが動いたことを神様からのゴーサインと捉え、再び祈りだした。

結果、振り込み期限日当日に、思いもしなかった形でツアー参加費ピッタリの金額が与えられた。そして私は三週間のアメリカツアーに旅立ち、そこで明確にイエス・キリストとの出会いが与えられ、献身の決意をもって帰ってくることになったのだった。神はおられる。祈りは聞かれる。これらが、母が私に受け継がせてくれたものであり、私が今も大切にしていることである。

八十歳を超えた母親が、自叙伝を出版するということで振り返ってみたが、最後に感謝の言葉を書き記したい。

「母さんへ

母さんは、若い頃に患った骨髄炎のために、子どもを持つのは難しいと言われていたそうですが、産んでくれてありがとうございます。私は母さんのお腹の中がよほど居心地よかったのか、予定日を一カ月過ぎても出てきませんでしたね。もっと体を動かす必要があると知って、曲がらない膝で江ノ島まで何度も父さんと歩いたと聞いています。結局は帝王切開で出てきたそうで、生まれる時から手のかかる子でしたね。

その後も何度も大変な思いをさせてきたと思います。しかし、母さんがどんな時も祈っていてくれたことを、今では感謝しています。思春期の頃には、夜更けに両親が祈り出す頃に寝て、明け方、母さんが朝食を作っている時の讃美の声で起こされるような生活パターンでした。でも、そのような両親を見て育つことができたおかげで、今、牧師の立場で教会を建て上げる上で、一番大切なことを学べたように感じています。

母さんが父さんを『主の立てられた器である』と言って、いつも従っている姿勢も尊敬します。母さんから受けたものを大切にして、それらが実を結んでいくように、これからも取り組んでいきます。ありがとう」

（いけだ・けいし　次男、本郷台キリスト教会主任牧師）

主が備えてくださった三人の母

私には三人の母がいます。いずれの母からも私は愛されて育ち、豊かな恵みをいただきました。どの母も、主が私のために備えてくださった大切な存在です。すでに天に召された三人の足跡をたどり、それぞれの母が持っていたよいもの、私が受け継いだもの、私の心に刻まれ、支えてくれたものを記しておきたいと思います。

生みの母・照屋スミ子

私に地上の生が与えられるために備えられたいのちの母です。母は、私の父が亡くなった後に二十歳で再婚して、一〇人の子どもを産み育て上げました。

私は祖母の愛に満たされて育ちました。しかし、心の底には生みの母が生きていたようです。ある時、それを鮮明に裏付ける出来事が起こりました。

小学校二年生の時のことです。友達と学校帰りに家の近くまで来た時、隣のおばさんが「登喜子ー、おっかーつうぃたんらー（お母さんが来ていたよぅ）」と呼ぶのです。

（えー、まさかあの遠いところからお母さんが!?）

私は地に足がつかず、友達を残して飛ぶように家に入っていきました。

母は、沖縄本島の東側にある三原集落（名護市）の照屋家に嫁ぎました。そこから反対側の西海岸沿いの根路銘に行くには、バスの通る国道まで山道を下りていき、バスを何度も乗り継ぐか、何時間もかけて山道を越えていかなければなりません。母はお腹に赤ちゃんがいました。そんな体で幼い子ども一人を連れて、家を朝五時すぎに出て、根路銘の私の家に昼過ぎに着いたのでした。そんなにまでして来てくれたのです。あの時の私の喜びはたとえようがありませんでした。私は、ただただうれしかった……。

私はすぐに母に飛びつきたかったのですが、お腹に赤ちゃんがいて、そばに幼い子がいたので、じっと我慢していました。

「登喜子、あんたに洋服作ってあげたよ」と言って、母が夏物のワンピースを袋から出しました。それは母の浴衣地で作ったもので、今でも模様まではっきりと憶えています。

（お母さんが作ってくれたんだ！）

私はうれしくてうれしくて、早速着てみました。ぴったりでした。それからは脱ぎたくなくて、ずっと着ていました。着ていると母に抱きしめられているようで、放したくなかったのです。

おばぁに「もういい加減に脱いでしまっておきなさい」と言われて、しぶしぶ脱いだことも覚えています。

育ての母であるおばぁの愛の中で満たされていたはずなのに、心の底には、無意識のうちに穴が開いていたのでしょうか。おばぁとの生活では、新しい服などめったに着せてもらえなかったからかもしれません。そんな時に、母は私の洋服を作って、わざわざ持ってきてくれたのでした。そんな母の心がうれしくて、その晩はいつまでも眠れませんでした。それ以来毎日その洋服を着て、生みの母の愛をしっかり心に受け止め、母をより身近に感じて過ごしたのでした。

のちに私が神山家の養女になってから、私はイエス様の救いを母と義父に熱心に語り、二人はイエス様を受け入れる決心をしました。二人の手を取って、三人で感謝の祈りをささげている時、私は喜びの涙があふれてくるのを抑えようがありませんでした。母は当時沖縄で開かれたビリー・グラハム宣教大会にも出席し、父母は私の母教会・沖縄中央教会で洗礼を受けました。

私が婚約したころ、夫が初めて沖縄を訪ねた機会に、私たちは母の婚家に立ち寄らせてもらいました。その時、義父は、さまざまな料理とともに、飼っていた大事な山羊を一匹料理してもてなしてくれたのでした。これは義父と母にとっての最高のもてなしでした。

その後、二人は何か困ったことがあると、すぐに沖縄から私たち夫婦に電話をかけてきて、祈ってくださいと頼み、相談してくれるようになりました。

母は横浜の我が家に何度か訪ねてきました。歴史が好きだった母は、私と主人の案内で鎌倉を丁寧に見て回りました。そんな時に、母はしみじみと「登喜子は幸せだ、登喜子は幸せだ」と繰り返していました。私の生い立ちを初めから知っている母の、万感の思いがこのひと言に込められていたと思います。

母は大家族を支えて、毎日身を粉にして働きました。厳しい生活にも耐えてたくましく生きることを、その生きざまを通して私に教えてくれました。

母は、平安のうちに九十五歳で天に召されました。

育ての母・大城マツ（祖母）

すでに記しましたように、おばぁは、貧しい暮らしの中で幼い私を引き取って、精いっぱい愛を込めて優しく育ててくれました。私が過酷な病を患い、共に死を覚悟するしかなかった時でも、涙を流しながら守り抜き、愛し抜いてくれました。

昔通った大宜味小学校跡にて

のちに、私が完全に癒やされた姿を見てゆるぎない信仰をいただきました。やがて地上の使命を全うして静かに天に召されていきました。八十三歳の生涯でした。

私は大人になってからも、ふるさと根路銘でおばぁと過ごした日々を忘れたことはありません。

長男夫婦はそんな私の気持ちを察したのか、私が八十歳になった時、傘寿と結婚五〇年を迎えたお祝いとして、沖縄旅行をプレゼントしてくれました。

私と主人は、根路銘の集落を車でゆっくりと回りました。住んでいた家はすでになく、更地になっていて、生け垣の福木（沖縄特有の防風林、防潮林）だけが昔と変わらず生い茂っていました。かつて通っていた大宜味小学校はすっかり改築されていましたが、通学路や歩いた道はそのまま残っていました。

私は集落の道端にたたずんで、しばし思い出にふけっていました。

元気で飛び回っていた七〇年も前の小学校時代の思い出が、昨日のことのようにはっきりとよみがえってきます。友達の家のほとんどは取り壊されていたり、廃屋となってだれも住んでいません。でも数十人いた友達の名前は今でも全部憶えています。友達の家族のことやいろいろな出来事も、目の前で起きたことのようにありありと思い出されてきました。

召される数年前の平良カメ姉と

私は懐かしさで胸がいっぱいで、目を輝かせながら、そばにいる主人に思い出される限りのことを、いくつもいくつもほとばしり出るように話し始めました。
私に、最初にイエス様を伝えてくれた平良カメおばさんも、決して忘れることができません。長寿を全うなさって召天されたと伺っております。
この旅で、どうしても立ち寄りたかったのはおばぁの墓でした。おばぁの魂は天国に行っていますが、亡骸《なきがら》は村はずれにある墓地に埋葬されています。親族一門《むん》を葬る門中《ちゅう》墓と言い、亀甲型をしている沖縄特有の大きな墓です。そこは大きな木の陰で、少し寂しく冷たい感じを受けました。

八十歳になった私が、健康な体でここに来ることができたなんて、かつての私だったら夢のまた夢です。ただただイエス様の恵み、憐れみに他なりません。お墓の前で私と主人は、言い尽くせないほどたくさんお世話になったおばぁと、おばぁを備えてくださった主に感謝の祈りをささげました。

養母・神山せつ

私の信仰の父でもあった神山本慎牧師の妻として、貧しい生活にもかかわらず、過酷な病を持つ私を引き取り、実子二人とともに育ててくれました。そこには神山牧師の捨て身の覚悟を伴う決断がありました。

後年、私が癒やされて献身し、伝道師として奉仕していたころ、ある女性が、米兵との間に生まれた一歳半の男の子を育てることができず、市役所に相談に行ったそうです。その女性は、市役所の職員から「神山先生は慈悲深い人だから、相談してごらんなさい」と言われて訪ねてきました。

「この子をお願いします」と頼まれた父は、深い事情のあったその子を養子として引き取り、浄治という名前も付けて育ててくださったのでした。のちに、この子は親御さんの希望で親元に帰りました。

牧師の家庭には絶えず人が出入りするので、プライバシーがあるようでありません。常に施す分かち合いの心が必要なのです。

そんな日々、養母は鷹揚さと寛容さで家族や周りの人を包んでいました。京都の北、福知山出身でしたから、京都弁でその場を和ませ、時間を惜しまずもてなす母でした。牧師家庭の貧しさに耐える、何事にもやりくり上手な人でした。私はこの養母や養父を通して、貧しい中で生きる秘訣を学ばせていただきました。

神山家の生活には、神様への信頼の深さがありました。それを、養母は実際の生活を通して私に見せてくれました。

一九六九年三月二十一日、私は沖縄中央教会で池田博と結婚式を挙げました。

その一〇日ほど前のことでした。結婚祝いにと養母が贈ってくれた手作りの布団を見た時、私は思わず涙があふれました。

「母さんありがとう。材料を買いそろえるのに大変だったでしょう……」

声を詰まらせて言う私に、

「おめでとう！　伝道者の生活は大変やけど……。神様がいつも先を歩んでくださっているんやから安心していな……。毎日お祈りしているよ！」と、堅く手を握って励ましてくれました。養母との幸せなひとときでした。

横浜で開拓伝道を始めた私たちの家を訪ねてくれた時には、感動と涙で主をあがめて、これからの牧会の祝福を熱く祈ってくれました。

養母・神山せつは、祈りの人、陰で支える人として忠実に仕えました。その後、長男・神山繁實師の家族と同居して信仰を全うし、二〇一〇年、百一歳で天に召されていきました。

父（養父）を想う――リバイバル聖歌一三二番に寄せて

私が神山家の養女になったころのことです。

ある朝、父が聖歌（リバイバル聖歌一三二番）を歌っている声が響いてきました。その瞬間、私は全身が耳となったかのように、その一節一節に聞き入ったのでした。静かなメロディーの中の一つひとつの言葉が心に刻まれていき、表現しがたい感動に心が震え、涙が流れ出てきました。

1　暗き谷間をたどる時も　明るき道を進む時も
わが心は常に楽し　君は共にましませば
（君と共に行く我が身　いずこへも喜びて行かまし
君と共に行くところは　さながら御国の如し）

2　いのちのことばいのちの主を　世人に告ぐるためとあらば

荒野さえもいとわで行かん　君は共にましませば

3　とつくにならで我が十字架は　家にありとも如何で拒まん
負い行かばや喜びもて　君は共にましませば

4　遣わされなば直ちに行かん　留められなば家に祈らん
おおみ旨は何れにあれ　君は共にましませば　（リバイバル聖歌一三二番）

当時、その歌をもって主のみ前に出ている父には、耐え難い苦しみがあったのです。誠実に牧会し、仕えてきたはずの教会から排斥される――そんな信じがたい扱いを受けたのでした。私は、自分がその原因の一つかもしれないとうすうす感じていました。こんな声が、ある方を通して私の耳にも届いていたからです。

「なぜ、あの娘さんを施設に預けないのですか？　死にかかっている病人一人のために、伝道・牧会に十分な時間が取れず、大きな妨げになっているではありませんか。それが神のみこころでしょうか？」

（私は、教会にとって厄介者になっていたのか……）

私は苦しみ悶えながら、主に涙の訴えをしました。

しかし、父は毅然としてこのように話したそうです。

「あの子を、今の状態で施設に預けたらどうなるか、施設の現状を皆さんはご存じないはずがありません。もし、皆さんの中に、あの子を親身になって世話してくださる方がおられるなら、私は喜んでそのようにします。私はあまりに惨めなあの子の状態を見て、このままでほってておいてはいけない！　と心を痛めていたのです。

そんなある日、良きサマリヤ人の聖書箇所を通して、イエス様は私にこう問われました。『だれが、強盗に襲われた人の隣人になったか？』

『その人に憐れみ深い行いをした人です』と私は答えました。するとイエス様は、きっぱりおっしゃいました。

『あなたも行って同じようにしなさい』

私は、主イエス・キリストのこのお言葉に迫られて決断したのです」

問題の渦中にあった父は、表面的には日頃と変わりませんでしたが、苦しく辛い、厳しく悲しい涙の谷を通りながら、ひたすら戦っていたのでした。そのことが、今、父への新たな尊敬の思いとともに、昨日のことのように思い起こされるのです。

結局、父はその教会を退くしかなく、自宅を単立教会（コザ基督伝道館）として、開拓伝道を始めたのでした。父の排斥に加わった二名の方は、後日父を訪ねてきて、「私を赦してください」と謝罪したそうです。

あの朝、父が神にささげていたリバイバル聖歌一三二番は、神に近く歩んだ父の、神へのまっすぐな信頼と全き服従の告白でした。この聖歌は今も私の心に焼き付いて離れず、父のような神への信頼と全き服従を、私に促してやみません。

私はここであらためて、故・神山本慎牧師夫妻に感謝をささげたいと思います。このお二人はまさに神の愛を持った方たちでした。世間から見捨てられ、死を待つ寸前だった私を、多大な犠牲を払ってかばい続け守ってくださいました。その愛を見て、神様は奇蹟を起こして私を癒やし、立ち上がらせてくださったのだと思います。

私たちもそのように主イエスの愛を実践するなら、神様は今も変わらず、責任をもってご自分のお約束を成し遂げてくださるのではないでしょうか。

愛は勝利です。

終わりにあたっての感謝

二〇一八年十二月二十日。この日は八十歳になった私の誕生日でした。聖献（長男）夫婦からは、こんなお祝いメールをもらいました。


「誕生日、そして傘寿おめでとうございます！

母さんだけでなく、母さんを通して現されてきた、周りの多くの人たちに対する主の大いなる恵み、憐れみ、導きを感謝します。

せっかくの機会なので、あらためて八十年間の主の恵みを一つずつ数えてみるのも良いのではないでしょうか。父さんと母さんが主に従ってきたからこそ、池田家は常に主の守りと導きの中を歩んで来ることができたのだと思います。

変わらぬ主の愛と恵みに感謝しつつ。　聖献、雅美」

温かなメールでした。その一言一言が心に沁みて、感動に涙しました。その背後に主の深い愛と恵みを覚えて、喜びと幸せで心が熱くなりました。神様への讃美が心の奥底から湧き出てきました。

長男夫婦からは、大きな花籠も届きました。添えられていた祝福のカードを読み、もう一度うれしさがこみ上げてきました。子どもたちの思いやりが、こんなにも親を喜ばせるのでしょうか。その愛のエネルギーに、私はただただ驚くばかりでした。そして長男夫婦が勧めるように、主から受けてきたたくさんの恵みを、あらためて一つずつ心に刻んでおきたいと思わされたのでした。

これまでの人生を思い返す時、今日、自分が生かされていること自体が夢のようであり、大きな奇蹟なのだと感じます。主の御手の中で、どれだけ多くの方々が私を助けてくださり、犠牲的な愛を注いでくださったことでしょう。その一人ひとりに想いをはせる時、新たな感謝が心に満ちてくるのです。

私にはこの地上での社会的評価からするならば、誇れるものは何一つありません。そんな私にあるのは主イエス様の最高の愛と憐れみによる尊い救い——あり得ない奇蹟の癒やし――そして日々注がれている主イエス様の恵みです。主は何と偉大なお方でしょうか！

主を讃美せずにはいられません。

「わがたましいよ。主をほめたたえよ。
主の良くしてくださったことを何一つ忘れるな。」（詩篇　一〇三・二）

今、八十路を超えてなお生かされている恵みは、主の奇蹟に他なりません。私の人生は、どこを切っても、主の憐れみが満ち溢れているのを実感しております。

その人生を文字に表し、上梓に至らせたのは夫・博と長男・聖献夫婦の後押し、そして次男・恵賜牧師夫婦の理解あってのことでした。

私が書き留めておいた証しや、思い出して書き記したもの、また雑誌や新聞などに掲載された証しをもとに、本書をまとめてくださったのはフリーライター・野口和子さんです。いのちのことば社の田崎学さんは、出版のために種々のご労を取ってくださいました。お二人に心から感謝申し上げます。

本書を通して、どなたにも等しく愛と恵みを注いでくださる主をあがめていただくことになれば、これに勝る喜びはございません。お読みいただいた皆様の上に、イエス・キリストの恵みが豊かにありますように。
すべての栄光を主に。変わらぬ愛と恵み憐れみの主をあがめつつ……。

池田登喜子

二〇二一年十月

著　者
池田登喜子（いけだ・ときこ）

1938年12月20日　沖縄県名護市で生まれる。２歳で祖母に引き取られる
1951年夏　13歳で右足に骨髄炎発症。病床生活に入る
1954年4月21日　病床で受洗
1956年　神山本慎牧師一家の養女となる
1958年　那覇のキリスト教集会で奇蹟の癒やしを受ける
1964年　献身。東京聖書学院入学
1967年　同校卒業。沖縄中央教会副牧師
1969年　池田博牧師と結婚。横浜の本郷台キリスト教会へ。伝道師、副牧師を歴任
2015年　アドバイザー牧師
2021年　82歳。現在に至る

愛は勝利です
──キリストの愛が織りなす奇蹟の人生

2021年12月20日発行
2024年 4 月25日 3 刷

著　者　池田登喜子

印刷製本　シナノ印刷株式会社

発　行　いのちのことば社
〒164-0001 東京都中野区中野2-1-5
電話 03-5341-6923（編集）
03-5341-6920（営業）
FAX03-5341-6921
e-mail:support@wlpm.or.jp
http://www.wlpm.or.jp/

ISBN978-4-264-04331-7